Les Présidents de la Ve République

Librio

Texte intégral

Cet ouvrage est un recueil d'articles du journal *Le Monde*, sélectionnés et présentés par Yves Marc Ajchenbaum.

Ces textes sont de Raymond Barillon, Noël-Jean Bergeroux, Claire Brisset, Daniel Carton, Christian Colombani, Jean-Marie Colombani, Gérard Courtois, Jacques Fauvet, André Fontaine, Éric Fottorino, Pierre Georges, Pierre Giacometti, Alfred Grosser, Gérard Grunberg, Jean Guéhenno, Béatrice Gurrey, Florence Haegel, Patrick Jarreau, Patrick Klein, Jean Lacouture, André Laurens, Bénedicte Lefeuvre, Jean-Yves Lhomeau, Denis Lindon, Véronique Maurus, Janine Mossuz-Lavau, André Passeron, Marc-Ambroise Rendu, Béatrice Roy, Jean-Louis Saux, Claude Servan-Schreiber, Pierre Servent, Mariette Sineau, Thierry Thuillier, Pierre Viansson-Ponté, Pierre Weill.

INTRODUCTION

La Constitution de la Ve République est adoptée par référendum, le 28 septembre 1958. 66,41 % des électeurs inscrits (79,25 % des votants) se sont prononcés pour ce changement radical de nos institutions. Elle est promulguée le 4 octobre. La France s'engage alors sur un nouveau chemin, la construction d'un exécutif fort, capable de faire face aux partis politiques et aux élus de l'Assemblée nationale. Le vieux projet du général de Gaulle se réalise enfin.

Avec la Ve République, le président de la République ne veille pas seulement au respect de la Constitution, mais il assure par son arbitrage le fonctionnement régulier des pouvoirs publics et la continuité de l'État. Il est le garant de l'indépendance nationale, de l'intégrité du territoire et du respect des accords et traités. Et pour accomplir cette fonction de chef de l'exécutif, il nomme et démet le Premier ministre, il peut également dissoudre l'Assemblée des députés. En cas de crise majeure, il est en droit d'exiger les pleins pouvoirs (article 16) pour une durée limitée.

Le président de la République a donc un réel pouvoir, mais il n'est pas élu au suffrage universel. Pour le général de Gaulle qui a toujours souhaité asseoir son autorité sur un soutien populaire, c'est, d'une certaine façon, une faiblesse...

Le jeudi 8 janvier 1959, le dernier président de la IVe République, René Coty, reçoit, sur le perron du palais de l'Élysée, le général de Gaulle, premier président de la Ve République. Il a été élu, dès le premier tour, le 21 décembre 1958, par 81 512 « grands électeurs » : les parlementaires, les conseillers généraux, les maires de toutes les communes de France, certains maires adjoints des villes de 1 001 à 9 000 habitants, tous les conseillers municipaux des villes de 9 001 à 30 000 habitants, et par des délégués supplémentaires désignés par les conseils municipaux des villes de plus de 30 000 habitants. De fait, les bourgs et les villages sont largement représentés dans ce corps électoral si particulier. À elle seule, la campagne française « possède » 31 401 « grands électeurs » ; de son côté, le seul département de la Seine, Paris compris, n'en compte que 5 828.

*Trois candidats étaient en lice pour devenir président de la
Ve République, l'ancien dirigeant de la France libre a obtenu
78,5 % des voix[1].*

Au printemps 1962, la guerre d'Algérie touche à sa fin, l'ancien
département français se prépare à l'indépendance, et l'exode des
Français d'Algérie s'accélère au fil des semaines. En même temps,
les commandos de l'OAS s'activent sur le sol algérien comme en
métropole et espèrent toujours assassiner le président de la République. Le 22 août, au Petit-Clamart, dans la banlieue parisienne,
le général de Gaulle et sa femme échappent de justesse à la mort.
Pour le président de la République, le temps est peut-être venu
d'asseoir un peu plus sa légitimité en demandant un vote populaire pour continuer d'exercer la direction du pays.

Dès la fin de l'été, il évoque « des initiatives nécessaires » pour
assurer « quoi qu'il arrive » la continuité de l'État et le maintien
des institutions républicaines. Le 20 septembre, il annonce d'abord
au pays, puis au Parlement, son désir d'organiser l'élection du président de la République au suffrage universel. Mais cela exige une
réforme constitutionnelle. Refusant de lier son projet à un vote des
deux chambres, l'Assemblée nationale et le Sénat, il impose aux
élus comme à l'opinion l'organisation d'un référendum. Au sein
du gouvernement de Georges Pompidou, des réticences s'expriment ; de son côté, Gaston Monnerville, président du Sénat et
constitutionnellement président de la République par intérim en
cas de vacance du pouvoir, s'affronte durement au général de
Gaulle, le Conseil d'État statue contre la procédure engagée mais
le Conseil constitutionnel fait silence. Quant à l'opinion, elle
semble apprécier la démarche du président de la République.

Le 2 octobre, le Journal officiel *publie le décret fixant au
28 octobre la date du référendum sur* « le projet de loi relatif à
l'élection du président de la République au suffrage universel ».
Le même jour, le Sénat, marquant ainsi son opposition au projet,
réélit Gaston Monnerville à sa présidence. Trois jours plus tard,
l'Assemblée nationale, ne pouvant atteindre directement le général de Gaulle, vote une motion de censure contre le gouvernement
de Georges Pompidou et « oblige » ce dernier à démissionner. Aussitôt, le président de la République dissout l'Assemblée nationale.
Des élections législatives sont donc prévues au lendemain du vote
référendaire, les 18 et 25 novembre.

---

1. Deux autres candidats se sont présentés contre le général de Gaulle :
Georges Marrane, au nom du Parti communiste ; Albert Châtelet, au nom de
l'Union des forces démocratiques.

Le 26 octobre, le général de Gaulle lance un dernier appel : « La raison de la proposition, c'est, qu'à l'époque moderne, il faut une tête à un grand État, que la désignation du guide intéresse directement toutes les Françaises et tous les Français et qu'ils sont parfaitement capables de le choisir. Or, notre Constitution, pour fonctionner effectivement, exige précisément que le chef de l'État en soit un. [...]

Tous les partis de jadis, dont rien de ce qui s'est passé n'a pu guérir l'aveuglement, vous requièrent de dire "non" [...] En même temps tous les factieux, usant de tous les moyens pour que ma mort ou ma défaite fasse reparaître la grande confusion qui serait leur ignoble chance, souhaitent, eux aussi, le "non" ! [...]

Quant à moi, je suis sûr que vous direz "oui" ! J'en suis sûr parce que vous savez qu'en notre monde, qui est si dangereux, [...] la France ne pourrait survivre si elle retombait dans l'impuissance d'hier. [...]

Je suis sûr que vous direz "oui" ! parce que vous sentez que, si la nation française, devant elle-même et devant le monde, en venait à renier de Gaulle, ou même ne lui accordait qu'une confiance vague et douteuse, sa tâche historique serait aussitôt impossible et, par conséquent, terminée [...] »

Dans la nuit du 28 au 29 octobre, les résultats qui arrivent au ministère de l'Intérieur n'annoncent pas une large victoire des « oui » et le taux d'abstention semble important. Au matin, les résultats tombent : 61,7 % des suffrages exprimés pour le « oui », mais ils ne représentent que 46,4 % des inscrits. Les « non » ont obtenu 38,2 % des suffrages exprimés et 28,7 % des inscrits. Le général de Gaulle espérait une approbation plus marquée.

Malgré une ultime tentative du président du Sénat pour s'opposer à son application, la Constitution est modifiée le 7 novembre. Désormais, le président de la République sera élu au suffrage universel. Quelques jours plus tard, le 22 novembre, s'éteint au Havre René Coty, le dernier président de la IVe République.

Yves Marc AJCHENBAUM

I

LA CAMPAGNE DE 1965

Le 19 novembre 1965 s'ouvre la première campagne pour l'élection au suffrage universel du président de la République, vingt et un jours après l'enlèvement à Paris du leader de la gauche marocaine Mehdi Ben Barka et au beau milieu du scandale politique que cet événement a provoqué dans l'opinion, dans la classe politique et au sein de l'appareil d'État.

Le général de Gaulle entre lentement dans la compétition. Face à lui, cinq candidats sont prêts à l'affronter : trois sont connus de l'opinion publique : François Mitterrand, Jean Lecanuet et Jean-Louis Tixier-Vignancour. Sénateur plutôt discret en dehors de son département des Charentes, Pierre Marcilhacy fait également campagne, quant à Marcel Barbu les électeurs le découvrent.

Deux outils vont faire une entrée remarquée au cours de cette campagne. D'une part, le sondage d'opinion qui depuis octobre annonce les évolutions de l'opinion avec une réelle justesse ; d'autre part, la télévision qui va être obligée de donner la parole à tous les candidats, et, sans l'avoir voulu, mettre en avant la jeunesse d'un François Mitterrand (49 ans) ou d'un Jean Lecanuet (45 ans) face au fondateur de la Vᵉ République (75 ans).

L'allocution radiotélévisée du chef de l'État

« Je crois devoir me tenir prêt à poursuivre ma tâche »

« Françaises, Français !

Il y a vingt-cinq ans, lorsque la France roulait à l'abîme, j'ai cru devoir assumer la charge de la conduire jusqu'à ce qu'elle fût libérée, victorieuse et maîtresse d'elle-même. Il y a sept ans, j'ai cru devoir revenir à sa tête pour la préserver de la guerre civile, lui éviter la faillite monétaire et financière et bâtir avec elle des institutions répondant à ce qu'exigent l'époque et le monde modernes.

Depuis lors, j'ai cru devoir exercer les pouvoirs de chef de l'État afin qu'elle puisse accomplir, au profit de tous ses enfants, une étape sans précédent de son développement intérieur, recouvrer la paix complète et acquérir dans l'univers une situation politique et morale digne d'elle.

Aujourd'hui, je crois devoir me tenir prêt à poursuivre ma tâche, mesurant en connaissance de cause de quel effort il s'agit, mais convaincu qu'actuellement c'est le mieux pour servir la France. »

« L'adhésion franche et massive »

« Car, ainsi, notre pays se voit offrir le meilleur moyen de confirmer par ses suffrages le régime stable et efficace que nous avons ensemble institué. Que l'adhésion franche et massive des citoyens m'engage à rester en fonctions, l'avenir de la République nouvelle sera décidément assuré.

Sinon, personne ne peut douter qu'elle s'écroulera aussitôt et que la France devra subir – mais cette fois sans recours possible – une confusion de l'État plus désastreuse encore que celle qu'elle connut autrefois. »

« L'État, livré aux partis, retomberait dans l'impuissance »

« Françaises, Français ! C'est dire que, suivant votre choix, notre pays pourra, ou non, continuer la grande œuvre de rénovation où il se trouve engagé. Or, qu'il s'agisse de son unité, de sa prospérité, de son progrès social, de sa situation financière, de la valeur de sa monnaie, de ses moyens de défense, de l'enseignement donné à sa jeunesse, du logement, de la sécurité, de la santé de sa population, l'avance qu'il a réalisée depuis sept ans apparaît comme éclatante.

Certes, il y a encore, il y aura toujours beaucoup à faire. Mais comment y parviendrait-on si l'État, livré aux partis, retombait dans l'impuissance ? Au contraire, quel élan nouveau prendra notre République quand celui qui a l'honneur d'être à sa tête aura été approuvé par vous dans son mandat national ! »

« Le monde entier regarde vers vous »

« En même temps se trouvent en jeu : la situation et l'action de la France dans un monde au-dessus duquel planent d'incommensurables dangers ; l'indépendance reprise sans renier nos amitiés ; la coopération pratiquée avec des peuples où notre colonisation était devenue anachronique et souvent sanglante ; l'union de l'Europe occidentale poursuivie de telle sorte qu'elle s'organise dans des conditions équitables et raisonnables, que la France y reste elle-même et qu'au plus tôt tout notre continent puisse s'accorder pour marcher en commun vers la paix et vers le progrès ; le rayonnement de notre culture vivifié et grandissant ; la considération et l'audience des autres peuples justement obtenues par nous en soutenant partout la cause de la libération, du développement et de l'entraide dont dépend désormais le sort de la communauté humaine.

Eh bien ! voici que le monde entier regarde vers vous pour savoir si vous allez, par votre vote, ratifier ou effacer ce que nous avons accompli au-dehors, appuyer ou empêcher ce que nous sommes en voie d'y réussir. »

« Une grande responsabilité nationale »

« Une grande responsabilité nationale incombera donc, dans un mois, à vous toutes et à vous tous. Telle est d'ailleurs la raison d'être de la loi constitutionnelle qui s'appliquera pour la première fois et en vertu de laquelle le peuple français tout entier désignera le chef de l'État, garant du destin de la nation.

En élisant le président de la République, il vous sera donné de fixer en conscience, par-dessus toutes les sollicitations des tendances partisanes, des influences étrangères et des intérêts particuliers, la route que va suivre la France.

À moi-même, que vous connaissez bien après tout ce que nous avons fait ensemble dans la guerre et dans la paix, chacune de vous, chacun de vous, aura l'occasion de prouver son estime et sa confiance.

Ainsi, devant tous les peuples, le scrutin historique du 5 décembre 1965 marquera le succès ou le renoncement de la France vis-à-vis d'elle-même. Françaises, Français ! J'espère, je crois, je sais qu'elle va triompher grâce à vous !

Vive la République ! Vive la France ! »

6 novembre 1965

11

La première campagne télévisée

La campagne tire à sa fin. La tâche des candidats de l'opposition n'était pas aisée. Ils devaient d'abord situer leur entreprise afin d'acquérir les soutiens indispensables, de provoquer une redistribution des forces en présence sur l'échiquier politique. Il leur fallait aussi se préparer pour une lutte dont les modalités pratiques n'étaient pas connues d'eux, ne comportaient pas de précédent et seraient déterminées pour une part par leur principal adversaire. Surtout, ils avaient à affronter un personnage prestigieux, en place depuis sept ans, appuyé sur un parti majoritaire, bénéficiant de tout l'appareil de l'État et que chacun considérait comme élu d'avance pour peu qu'il consentît à se présenter.

Il s'agira moins de choisir entre des thèses ou même des hommes que d'éliminer ou non du pouvoir celui qui l'exerce depuis sept ans. C'est en ce sens qu'on a pu, comme pour chaque grande consultation depuis 1958, prononcer une fois encore le mot plébiscite.

Le premier danger qui apparut aux candidats de l'opposition dans ces conditions était de réduire le scrutin au dilemme gaullisme-antigaullisme. Car s'affirmer avec trop d'énergie comme un homme d'autorité, n'était-ce pas risquer d'être accusé d'autoritarisme, d'être soupçonné de vouloir tout simplement chausser les bottes du Général et de substituer un nouveau pouvoir, tout aussi personnel, à celui qu'il exerce seul ? Et, inversement, se limiter par avance à un rôle effacé et passif de gardien de la Constitution chargé d'enregistrer les décisions du Parlement et du gouvernement, c'était laisser craindre un retour à l'impuissance, à l'instabilité, à la confusion de naguère.

Pour échapper à cette alternative, les deux principaux opposants ont donc pris d'abord grand soin d'exposer leurs options, de développer des propositions ou des programmes, axés sur l'avenir. Ils ont employé beaucoup plus de temps, dans leurs conférences de presse et leurs premières réunions, à détailler leurs projets et les principes de leur action future qu'à faire le procès du régime et de son chef – même s'ils n'ont pas négligé les réquisitoires. En même temps, chacun s'efforçait, par quelques mots mordants ou définitifs, d'égratigner ses concurrents. Mais dès qu'il a fallu aborder l'immense public de la télévision, cette tactique a dû être largement révisée.

[...]

Très vite, François Mitterrand et Jean Lecanuet se sont rendu compte que leur âge, par contraste avec celui du Général, face à un corps électoral rajeuni, était un de leurs meilleurs atouts. Très vite, ils ont compris qu'il était vain et même dangereux de se combattre, de rivaliser entre eux. Très vite encore, ils ont eu le sentiment que leurs attaques contre le régime, leurs critiques visant de Gaulle lui-même, bien loin de choquer et d'indisposer, étaient non seulement admises, mais frappaient bien davantage que les exposés doctrinaux. Le ton, alors, est monté, surtout chez le candidat du centre, qui prenait pourtant grand soin, au début de sa tentative, de témoigner de la déférence et de l'estime pour celui dont il briguait la succession.

[...]

Mais surtout le principe même de la contre-offensive paraît avoir été conçu en fonction de l'idée que François Mitterrand et Jean Lecanuet incarnaient le passé et que le débat opposait ces « chevaux de retour » et le candidat de la « rénovation ». C'était négliger le conflit de générations, conflit dans lequel l'avenir paraît appartenir plutôt aux challengers qu'au tenant du titre. C'était oublier que sept ans de présence quotidienne et obsédante constituent un passé, alors que l'absence permet de faire figure d'hommes neufs. C'était enfin perdre de vue que le grand argument en faveur du général de Gaulle tient aux services rendus depuis vingt-cinq ans, alors que ses adversaires ne parlent que de ce qu'ils feront, de ce qu'il faudra faire au cours des vingt-cinq prochaines années.

Bref, les gaullistes ont cru mener le même combat qu'en 1958 et 1962, aux élections législatives, c'est-à-dire livrer le duel classique de la Ve République contre la IVe, alors que leurs adversaires s'employaient à donner le sentiment (et parfois y réussissaient) qu'il s'agit d'un choix entre la Ve et la VIe République.

En fait, la campagne a montré qu'il n'y avait que deux adversaires sérieux du chef de l'État, l'un à gauche et l'autre au centre droit, et nullement cinq. Chaque voix recueillie par François Mitterrand et Jean Lecanuet comptera, d'une façon ou d'une autre, pour l'avenir : leur succès ou leur échec pèsera lourd. Car, quoi qu'il advienne, après ces semaines qui ont brisé l'enchantement et interrompu le monologue, rien ne sera plus tout à fait comme avant.

Pierre VIANSSON-PONTÉ, 3 décembre 1965

13

Le premier tour

Au soir du 5 décembre, le général de Gaulle est en ballottage. C'est une surprise. Autant les bastions du gaullisme de l'Est et de l'Ouest ont tenu bon, autant une partie des électeurs modérés du Centre et du Midi se sont détournés du général de Gaulle. De son côté, François Mitterrand n'a pas fait le plein des voix de gauche, notamment dans le Nord.

À l'extrême droite, M. Tixier-Vignancour n'a pas mobilisé, même si une grande partie des rapatriés d'Afrique du Nord ont voté pour lui. Au centre, Jean Lecanuet n'a pas convaincu les pro-européens et les anciens électeurs du MRP ; mais il a largement contribué à la mise en ballottage du président de la République.

La campagne du deuxième tour

À la veille du second tour, ou seuls deux candidats doivent rester en présence, MM. Tixier-Vignancour et Barbu se désistent pour François Mitterrand. MM. Lecanuet et Marcilhacy sont plus gênés : ils incitent à ne pas voter de Gaulle...

Les sondages donnent 55 % au général de Gaulle et 45 % à François Mitterrand. Les abstentions ne dépasseraient pas les 15,5 % mais les votes blancs ou nuls seraient en légères augmentations (2,35 % contre 0,86 %).

Une certaine idée de la France

« J'ai voté et je voterai pour Mitterrand pour les mêmes raisons que je fus dans la Résistance par amour de la liberté, par respect de la dignité des hommes.

Parce que je n'aime pas les défis insolents et n'accepte pas qu'on me promette les catastrophes si je n'obéis pas : "Choisissez : c'est moi ou le néant."

[...]

Parce que je veux croire en tous les hommes, mais jamais en un homme, parce que le pouvoir personnel ne fut jamais un pouvoir républicain, mais toujours un césarisme ou un fascisme, et qu'il n'est pas conciliable avec la dignité des citoyens.

Parce que je ne veux pas d'un IIIe Empire, qu'il soit autoritaire ou libéral. On sait où les deux premiers nous ont conduits.

Parce que, tout vieux qu'on soit, le respect qu'on a pour un autre vieil homme n'implique pas qu'on n'espère pas en la jeunesse et qu'on croie que tout mourra quand on mourra.

Le premier tour

	MÉTROPOLE			OUTRE-MER			TOTAL		
Inscrits	28 233 167			680 255			28 913 422		
Votants	24 001 961			500 996			24 502 957		
Abstentions	4 231 206 (14,98 %)			179 259 (26,35 %)			4 410 465 (15,25 %)		
Blancs ou nuls	244 292 (0,86 %)			4 111 (0,60 %)			248 403 (0,85 %)		
Suffrages exprimés	23 757 669			496 885			24 254 554		
	Nombre de voix obtenues	% Suffrages exprimés	% Inscrits	Nombre de voix obtenues	% Suffrages exprimés	% Inscrits	Nombre de voix obtenues	% Suffr. exprimés	% Inscrits
DE GAULLE	10 386 734	43,71	36,78	441 789	88,91	64,94	10 828 523	44,64	37,45
MITTERRAND	7 658 792	32,23	27,12	35 211	7,08	5,17	7 694 003	31,72	26,61
LECANUET	3 767 404	15,85	13,34	9 715	1,95	1,42	3 777 119	15,57	13,06
TIXIER-VIGNANCOUR	1 253 958	5,27	4,44	6 250	1,25	0,91	1 260 208	5,19	4,35
MARCILHACY	413 129	1,73	1,46	1 889	0,38	0,27	415 018	1,71	1,43
BARBU	277 652	1,16	0,98	2 031	0,40	0,29	279 683	1,15	0,96

Le second tour

	MÉTROPOLE			OUTRE-MER			TOTAL		
Inscrits	28 223 198			679 506			28 902 704		
Votants	23 862 653			508 994			24 371 647		
Abstentions	4 360 545 (15,45 %)			170 512 (25,09 %)			4 531 057 (15,67 %)		
Blancs ou nuls	665 141 (2,35 %)			3 072 (0,45 %)			668 213 (2,31 %)		
Suffrages exprimés	23 197 512			505 922			23 703 434		
	Nombre de voix obtenues	% Suffrages exprimés	% Inscrits	Nombre de voix obtenues	% Suffrages exprimés	% Inscrits	Nombre de voix obtenues	% Suffr. exprimés	% Inscrits
DE GAULLE	12 643 527	54,50	44,79	440 172	87,00	64,77	13 083 699	55,19	45,26
MITTERRAND	10 553 985	45,49	37,39	65 750	12,99	9,67	10 619 735	44,80	36,74

Parce que je ne puis comprendre que qui prétend représenter, incarner mon pays, fasse concurrence à Machiavel et parle un langage toujours un peu obscur et ambigu qui autorise après, dans l'action, toutes les contradictions et tous les revirements. La langue de mon pays est si belle et si claire qu'elle peut toujours être loyale et me semble nous contraindre à la propreté.

Parce que le gaullisme n'est plus, à beaucoup d'égards, qu'une variante du pétainisme, un pétainisme de temps de paix, établi dans la satisfaction.

Parce que la stabilité gouvernementale nécessaire ne peut être assurée que par l'équilibre du pouvoir exécutif et du pouvoir législatif, et par leur respect réciproque.

Parce que je suis républicain, et attends que mes concitoyens ne soient jamais traités avec condescendance et mépris, réduits à n'être qu'une voix qui parle une minute tous les sept ans, mais soient vraiment des citoyens qui, par des corps intermédiaires de leur choix, expriment à tout instant leur pensée et leur volonté.

Parce que je ne comprends pas pourquoi les partis ne sont si méprisables que quand ils ne sont pas le RPF ou l'UNR.

Parce qu'il n'y eut jamais ni nulle part de République sans partis, la diversité des opinions étant après tout l'un des signes du développement et de la maturité de la conscience politique.

[...]

Parce que la politique de la "France seule" est une politique vaniteuse et désuète, désormais ridicule et dangereuse, et que certain relent de maurrasisme est décidément devenu, après sept ans, tout à fait intolérable.

Parce que la France est fière, mais ni orgueilleuse ni bête, qu'elle ne se raconte pas à elle-même, sur elle-même, de sottes et prétentieuses histoires, qu'elle sait bien qu'elle n'est pas "seule", mais une portion de l'Europe et du monde.

Parce que tous nos malheurs depuis soixante ans n'ont pas eu d'autre cause que notre inconscience et notre manque de présence d'esprit, tous les peuples d'Europe continuant chacun de faire une politique nationaliste, quand nous étions déjà devenus, par tous nos intérêts, des Européens.

Parce qu'il faut faire l'Europe, la vouloir, telle qu'elle soit une grande force autonome et souveraine, mais accordée aussi bien avec l'Ouest qu'avec l'Est, qu'elle n'aura nulle raison de craindre ni de haïr.

[...]

16

Il a suffi de quatre semaines de débats électoraux pour que nous retrouvions tout ce qu'un assez bas régime de conditionnement continu travaillait à nous faire oublier : les vifs plaisirs de la liberté et les plaisirs du dialogue et de la discussion. Puissions-nous ne plus les perdre ! Nous avons tout de suite rappris à respirer. La République n'était qu'endormie. La voici réveillée ! Ne la laissons pas se rendormir, et, en dépit des prophètes du malheur, ça ira ! »

Jean GUÉHENNO (de l'Académie française),
19-20 décembre 1965

Le second tour

De 1849 à 1965, les bastions de la gauche
n'ont guère changé dans le Centre et le Midi

L'élection présidentielle a fait à beaucoup découvrir la géographie électorale. Frappé par le contraste Nord-Sud de la France du général de Gaulle et de la France de M. Mitterrand, on a cherché des explications dans la proche ou dans la lointaine histoire. La France de M. Mitterrand, a-t-on observé, correspond assez bien à la zone libre des années 1940-1942. Elle serait aussi celle de la France des… Wisigoths.

En réalité, ni l'invasion des barbares ni celle d'Hitler ne sont nécessaires pour expliquer le succès de M. Mitterrand dans vingt-quatre départements du Centre et du Midi. La ligne de démarcation n'est que l'une des frontières traditionnelles de la gauche, et la géographie ne fait que confirmer avec éclat les leçons de l'histoire électorale.

Deux comparaisons suffisent à le prouver.

Les premières élections législatives significatives ont été celles du 13 mai 1849. Le parti de l'ordre l'emporta sur celui de la Montagne, c'est-à-dire de la gauche. Le professeur Labrousse a établi la carte de la Montagne dans une France qui était alors essentiellement rurale [1]. C'est en gros celle de la gauche, de la gauche de toujours, celle de la France du Centre et du Midi, aujourd'hui celle de M. Mitterrand. Il y a une exception notable : l'Alsace, qui avait accueilli avec enthousiasme la Révolution et a voté pour la Montagne en 1849.

_____
1. Dans la *Revue socialiste* (juin 1946).

Presque un siècle plus tard, les élections de 1936 voient de nouveau face à face la gauche et la droite. Les départements « montagnards » de 1849 constituent de nouveau les bastions ruraux des partis de gauche, c'est-à-dire du Front populaire. C'est aussi aujourd'hui ceux de M. Mitterrand. Il y a encore une exception, plus notable cette fois : la vaste région du Nord de la France, qui était encore peu industrialisée en 1849, a viré à gauche en 1919, voté pour le Front populaire, mais s'est prononcée en majorité pour le général de Gaulle en 1965. Le phénomène est frappant.

[...]

Reste à expliquer la permanence de la gauche traditionnelle dans le Centre et le Midi de la France, à l'exception des départements les plus catholiques du sud-est du Massif central. Les sociologues et les historiens n'en ont pas, à ce jour, donné une justification exhaustive. Les raisons économiques ne sont pas déterminantes : le Languedoc est beaucoup plus riche que la Bretagne, Marseille est plus développée que Lille. Le Centre et le Midi sont des pays de faire-valoir direct. Mais l'Est l'est aussi.

La pratique religieuse n'est pas non plus décisive : elle est aussi faible en Provence ou en Limousin qu'en Champagne ou en Bourgogne. Mais il n'est guère douteux que la tradition politique du Languedoc est pétrie d'histoire religieuse, albigeoise ou protestante.

En vérité il existe dans les provinces du Centre et surtout du Midi une très ancienne tradition démocratique faite d'attachement à l'institution parlementaire et de méfiance à l'égard du pouvoir central.

La politique y est affaire de sentiment et de passion. Plus que la géographie économique, c'est bien l'histoire qui rend le mieux compte de l'existence de deux France politiques.

Jacques FAUVET, 5 janvier 1966

Le troisième tour

19 décembre 1965 – L'élection présidentielle donne une image simplifiée d'une situation confuse.

[...]

François Mitterrand a eu en effet beaucoup d'électeurs de droite et d'extrême droite, beaucoup plus que le général de Gaulle n'a eu de voix de gauche et d'extrême gauche. Rien de moins homogène que leur corps électoral, non plus que l'héritage de Jean Lecanuet. Le deuxième tour a confirmé à cet égard la leçon du premier. Cette frontière qu'il a brutalement tracée n'est pas davantage celle qui sépare les républicains de ceux qui ne le seraient pas, à moins de considérer qu'un citoyen devient républicain du seul fait qu'il ne pardonne pas l'indépendance de l'Algérie et qu'un autre cesse de l'être du seul fait qu'il témoigne sa fidélité à l'homme du 18 juin.

L'image du scrutin n'est pas même celle du gaullisme face à l'opposition, puisque parmi les électeurs du Général se trouvent un certain nombre d'électeurs qui avaient voté pour les partis d'opposition en 1962 et voteront de nouveau pour eux aux élections législatives de 1967. Elle est celle d'un homme face aux oppositions.

Ses électeurs ont voté pour sa personne, son passé ou sa politique et pour les plus gaullistes, pour tout cela à la fois. Ses adversaires ont voulu voter les uns contre sa politique algérienne avec Jean-Louis Tixier-Vignancour, les autres contre sa politique européenne avec Jean Lecanuet, les derniers, les plus nombreux, contre sa politique générale et son style avec Waldeck-Rochet et Guy Mollet. Ainsi se dessinent plus nettement que jamais trois oppositions : la première à droite, la deuxième au centre, la dernière à gauche, qui ont nourri le courant favorable à François Mitterrand.

Le pouvoir se fera un plaisir de dénoncer cette coalition d'oppositions convergentes, mais contraires, d'opposants opposés. Mais il aurait tort de trop s'en réjouir. Car elle traduit dans de larges couches du pays et, de la gauche à la droite, une hostilité foncière et comme un état d'exaspération passionnelle. Cette frontière, et presque cette fracture, ne recouvre pas celle des familles traditionnelles elle risquerait même à la longue de menacer l'unité nationale, de créer comme deux France. Ce qui frappe en effet, c'est l'automatisme avec lequel les voix de M. Tixier-Vignancour se sont portées sur François Mitterrand en dépit du soutien du Parti communiste, c'est aussi l'ampleur du transfert sur le candidat de la gauche des suffrages pourtant modérés de Jean Lecanuet. Rien ne prouve que le même phénomène ne se produira pas en 1967.

Quant au candidat des oppositions, il ne peut ignorer que la convergence dont il a profité ne fait ni une majorité ni une politique. Elle doit l'inciter à redevenir le candidat qu'il était au départ, celui de la gauche, à définir tôt ou tard les limites de son entreprise, et il le peut d'autant plus qu'à la lumière des dernières élections législatives la gauche semble assurée de retrouver lors des prochaines les voix qui lui ont tant manqué dimanche. À cet égard la lutte n'est pas finie. Elle ne fait que commencer.

Personne ne pensait sérieusement, en dehors de faux naïfs de l'extrême droite, battre le général de Gaulle. Beaucoup peuvent légitimement espérer, à droite comme à gauche, le priver de la majorité parlementaire indispensable à son maintien à l'Élysée. Le régime ne survivrait pas à l'élection d'une Assemblée hostile au chef de l'État.

Ce sera bien alors le « troisième tour ».

Le premier a été à l'avantage des oppositions dans la mesure où il s'est traduit par un ballottage, le second a été gagné par le chef de l'État. La belle devrait se jouer au printemps 1967.

Pendant quinze mois, la vie politique, sinon la politique extérieure, européenne en tout cas, risque d'être suspendue à cette échéance. La précipiter ne servirait à rien. Outre que la marge a été trop étroite dimanche pour que le maintien de la majorité soit garanti, le droit de dissolution serait perdu pour un an. La seule façon pour le pouvoir d'affronter avec de meilleures chances le « troisième tour » est de procéder à une révision de sa manière d'être et d'agir. Mais le peut-il, le veut-il?

Jacques FAUVET, 21 décembre 1965

II

JUIN 1969 :

GEORGES POMPIDOU EST CANDIDAT

La campagne et les résultats

Le 27 avril 1969, les électeurs sont convoqués une nouvelle fois par le général de Gaulle pour répondre par « oui » ou par « non » à une seule question : « Approuvez-vous le projet de loi soumis au peuple français par le président de la République et relatif à la création des régions et à la rénovation du Sénat ? » *Une seule question, deux réformes et au moins une interrogation non dite : un an après les grèves et l'agitation étudiante et ouvrière de 1968, me donnez-vous toujours les pouvoirs pour gouverner la France dans l'esprit qui fut le mien à la création de la Vᵉ République ? Là est la vraie question de ce référendum et personne n'est dupe. Ce jour-là, la société civile va voter pour ou contre de Gaulle.*

Et elle vote contre. Le « non » recueille 52,41 % des suffrages exprimés (40,85 % par rapport aux inscrits) ; 47,58 % se sont prononcés pour le « oui » (37,09 % des inscrits).

Le 28 avril à 0 h 11, un communiqué en provenance de Colombey-les-Deux-Églises est envoyé aux agences, il est signé du général de Gaulle : « Je cesse d'exercer mes fonctions de président de la République. Cette décision prend effet à midi. » *Comme le veut la Constitution, le président du Sénat, M. Alain Poher, assure désormais l'intérim.*

Le 29, Georges Pompidou annonce sa candidature à la présidence de la République.

Le 30, c'est au tour de Gaston Defferre de postuler avec l'appui du comité directeur du Parti socialiste. Une candidature que n'apprécient ni François Mitterrand et ses amis de la Convention des institutions républicaines ni le PSU de Michel Rocard. Par contre le maire de Marseille est rejoint par une authentique

21

personnalité de la gauche républicaine : Pierre Mendès France.
« Depuis de longues années, *déclare ce dernier,* nous avons che-
miné de compagnie. Nous n'avons pas toujours appartenu à la
même paroisse, mais Defferre et moi étions du même côté de
la barricade. »

*Le 2 mai, le Conseil des ministres fixe au 1ᵉʳ juin le premier
tour de l'élection du président de la République et au 15 juin le
deuxième tour.*

*Le 13 mai, onze ans après le retour sur la scène politique du
général de Gaulle et un an après la plus grande manifestation
ouvrière et étudiante de 1968, les candidats à la succession de
l'ancien chef de la France libre ont déposé officiellement leur candidature.*

Dix ans et dix mois de pouvoir gaulliste

Le 14 mai 1958, dès 7 heures du matin, une DS noire fran-
chissait le portail de la Boisserie, à Colombey-les-Deux-Églises,
et empruntait à grande vitesse la route de Paris. Comme il le
faisait chaque mercredi régulièrement depuis six ans, le général de Gaulle allait passer la journée dans la capitale.

Depuis quelques semaines il avait reçu, soit à la Boisserie,
soit dans son petit bureau de la rue de Solférino, beaucoup de
visiteurs, plus qu'à l'habitude, presque autant qu'autrefois. Certains d'entre eux – MM. Soustelle, Delbecque, Roger Frey,
Edmond Michelet et surtout Michel Debré – lui avaient paru
soudain réveillés, presque exaltés : la IVᵉ République, assu-
raient-ils, allait s'effondrer, la route du pouvoir allait s'ouvrir,
l'appel à de Gaulle était imminent... Lui n'y croyait guère.
Depuis la nuit passée, cependant, qui avait vu l'émeute montrer le poing à Alger, lorsque l'armée avait rejoint les civils
insurgés, et lever le petit doigt sur les Champs-Élysées à l'heure
même où l'Assemblée nationale accordait l'investiture au sei-
zième président du Conseil du régime, M. Pierre Pflimlin, il lui
semblait bien que quelque chose était en train de bouger.
Simple péripétie ou coup d'État ? Bah ! songeait-il, « ils » trou-
veront bien le moyen de retomber sur leurs pieds une fois de
plus ; et, de toute façon, je leur fais peur...

Dix-sept jours plus tard exactement, le 1ᵉʳ juin, les mêmes
députés qui venaient de confier à M. Pflimlin la direction du
gouvernement pour faire face à l'émeute allaient investir par
329 voix contre 224 le général de Gaulle et lui accorder,
par surcroît, les pouvoirs constituants. Il avait 67 ans.

Dès lors sa vie allait être consacrée tout entière à fonder, diriger et incarner le nouveau régime. Après une phase d'installation, marquée par quelques gestes qui portaient en germe toute la politique, tant intérieure qu'extérieure, qui serait ensuite mise en œuvre (1er juin 1958–8 janvier 1959), la Ve République piétinerait quatre longues années devant le problème algérien, tantôt tournée davantage vers la poursuite de la guerre (janvier 1959–avril 1961), tantôt axée sur la recherche, puis la réalisation, enfin les conséquences de la paix (avril 1961–fin 1962). La priorité serait donnée, dans une troisième étape, à la diplomatie (début 1963–avril 1964), puis le général se préoccupait de consolider l'avenir de son régime (mai 1964–novembre 1965).

Après avoir paru hésiter, il décidait de briguer un second mandat et l'élection de décembre 1965, avec son ballottage, marquait le grand tournant du règne. Cette cinquième étape, à travers des élections gagnées de justesse en mars 1967, allait conduire à l'explosion de mai 1968 et au redressement de juin, épisodes qui portaient en germe l'aboutissement d'aujourd'hui.

L'installation (juin 1958–janvier 1959)

Quand élu président du Conseil et ayant constitué son gouvernement, le Général s'installe à l'hôtel Matignon, chacun s'attend – et d'abord l'armée, qui rentre malaisément dans la discipline, les Français d'Algérie et même l'adversaire, le FLN – qu'il s'attaque sans retard à la solution du problème algérien. C'est ce qu'il paraît entreprendre, en effet, se rendant à Alger dès le 4 juin pour lancer, du même balcon du Forum où l'insurrection avait chanté victoire, le fameux *« Je vous ai compris »*.

[…] Mais c'est en fait à la préparation, à la ratification et à la mise en œuvre de la nouvelle Constitution qu'il donnera une priorité presque absolue.

Avait-il cru, comme certains l'ont prétendu depuis, qu'il lui suffirait de paraître pour que les armes se taisent ? A-t-il craint – non sans raison peut-être – que s'il parvenait en quelques mois, et sans payer un prix trop élevé, à arrêter la guerre les partis le chassent du pouvoir, le péril conjuré, pour reprendre leurs jeux ? Tout porte à admettre que le pragmatisme du Général, son désir de conserver le plus longtemps possible au moins deux voies ouvertes, l'ont conduit à amorcer une solution du problème algérien, sans parier sur le succès ou l'échec. De même, il fixait dès l'automne 1958, dans un mémorandum adressé au président Eisenhower et à M. Macmillan, le ton, le cadre et l'objectif de sa diplomatie atlantique, il accélérait la recherche nucléaire, jetait les bases de sa politique européenne, et, avec la dévaluation, le retour à la libération des échanges, stabilisant durablement la monnaie. Mais, dans le même temps, c'est à l'institution du régime qu'il apportait tous ses soins, quitte à reprendre plus tard les autres dossiers lorsque son pouvoir serait bien assis.

Le 4 octobre, après six semaines de délibérations au sein du gouvernement d'abord, du comité consultatif constitutionnel présidé par M. Paul Reynaud ensuite, de Gaulle présentait, place de la République, la nouvelle loi fondamentale. Elle organisait le fonctionnement de tous les pouvoirs autour d'un personnage central sur qui tout repose et qui peut même, dans les circonstances graves, exercer temporairement une sorte de « dictature à la romaine » sans limitation ni contrôle. On comprenait aussitôt que le président de la République, ainsi placé au centre du dispositif, ne pouvait être que le Général lui-même : le vêtement était taillé à ses larges mesures. Au fil des années, il allait d'ailleurs le retoucher à plusieurs reprises et le rendre plus ample encore, soit en interprétant, de la façon la plus extensive en ce qui le concerne, la plus restrictive pour les autres institutions, les dispositions retenues ; soit en instituant par référendum en 1962 l'élection présidentielle au suffrage universel.

La Constitution était brillamment ratifiée par 80 % des votants au référendum du 28 septembre, aussitôt mise en œuvre avec les élections législatives des 23 et 30 novembre, qui voyaient le parti gaulliste créé le mois précédent, l'UNR, faire entrer sans coup férir au Palais-Bourbon plus de députés que n'en avait jamais compté aucun groupe parlementaire sous les précédentes Républiques – mais manquer néanmoins la majorité absolue. Elle permettait la désignation par un collège de notables, le 21 décembre, du Général comme président de la Ve République. Le 8 janvier, tandis que le dernier président de la IVe, M. René Coty, se retirait, de Gaulle entrait à l'Élysée, et le jour même désignait comme Premier ministre son fidèle compagnon Michel Debré, qui devait demeurer trois ans et trois mois à la tête du gouvernement. La Ve République commençait.

La poursuite de la guerre d'Algérie (janvier 1959–avril 1961)

Ceux qui avaient cru à une fin rapide de la guerre d'Algérie s'étaient bien trompés : elle devait se poursuivre plus longtemps sous de Gaulle – près de quatre ans – qu'elle n'avait duré déjà sous le régime précédent. Ceux qui avaient espéré une solution du type «Algérie française» excluant l'indépendance ont clamé qu'ils avaient été dupés : ce n'est pas sûr; accordons-leur toutefois qu'à diverses reprises ils ont pu de bonne foi penser que le fléau de la balance allait pencher vers leurs thèses.

Car si de Gaulle avait dès l'origine, comme l'assurent ses partisans, la volonté de conduire l'Algérie jusqu'au seuil de l'indépendance, mais le souci de ne pas aller plus vite dans cette direction que l'armée, l'opinion métropolitaine et les Français d'Algérie n'étaient disposés à l'admettre, il faut croire qu'il a singulièrement tardé et qu'il a payé dans tous les domaines – révoltes militaires, terrorisme, rapatriements massifs, rupture de tout lien organique et finalement spoliations – le prix le plus élevé. La paix, l'indépendance ne devaient pas apparaître comme le couronnement d'une évolution menée dans l'ordre, avec méthode, et harmonieusement dosée à chaque étape, mais comme une sorte de débâcle aggravée par les crimes de l'OAS.

Pendant toute la première période de l'existence du nouveau régime, l'incertitude domine. Le général de Gaulle gouverne par la parole à raison de deux conférences de presse, quatre ou cinq allocutions radiotélévisées et trois douzaines de discours en province ou à l'étranger par année. Il voyage beaucoup, visitant une quinzaine de départements et trois ou quatre pays étrangers chaque année, sans compter quelques grandes tournées africaines, des inspections, des conférences internationales; il reçoit plus encore, accueillant à Paris, un à un, tous les chefs d'État de l'Afrique francophone et de très nombreux présidents et souverains étrangers.

[...]

Enfin, la première bombe atomique de fabrication française a explosé au Sahara, le 13 février – «*Hourra pour la France !*» a câblé de Gaulle aux techniciens –, la seconde le 1er avril. La «force de frappe» est en train de naître.

Cent vingt discours en dix semaines

[...]

Pendant ces dix semaines, il n'a guère cessé d'être en voyage ou en représentation; il a néanmoins présidé six conseils des ministres, qui ont pris des décisions parfois graves; a traité vingt affaires, dont plusieurs lourdes de conséquences; a multiplié les conversations diplomatiques, politiques, stratégiques sur l'Algérie, le Parlement, l'armée, la France, l'agriculture, les salaires, la politique mondiale; a prononcé au bas mot cent vingt discours, allocutions, déclarations ou harangues devant des auditoires d'industriels américains ou de vignerons languedociens, de parlementaires britanniques ou d'ouvriers des chantiers navals du Havre, de «doudous» martiniquais ou du Premier ministre soviétique.

Le rythme n'est certes pas toujours aussi précipité, la hâte si grande, ni la diversité des tâches, des préoccupations et des interlocuteurs. Mais quand on étudie, jour après jour, la chronologie des six années écoulées, on s'étonne rétrospectivement d'un tel déploiement d'énergie, d'une activité si constante de la part du chef d'un régime sous lequel, pourtant, et pendant de longues périodes, on avait éprouvé l'impression qu'il ne se passait rien, que les problèmes n'avançaient pas, que l'immobilité était la règle.

À quel moment le président de la République a-t-il vraiment choisi de forcer l'issue du conflit et de conclure, quoi qu'il en coûte, la paix ? On a cru qu'il y était résolu quand, le 16 septembre 1959, il lançait le maître mot d'autodétermination. Pourtant, il n'y semblait pas prêt encore, en esprit tout au moins, lorsque au début de l'été 1960 deux émissaires du FLN vinrent conférer à Melun avec un général et un haut fonctionnaire : ce fut l'échec. Le référendum du 8 janvier 1961 sur l'autodétermination algérienne portait, certes, en germe la solution, mais il s'agissait d'imposer un compromis, de faire prévaloir cette «Algérie algérienne liée à la France» constamment promise, non d'accorder l'indépendance. Une véritable négociation, sur un pied d'égalité, en terrain neutre, était cependant envisagée et même préparée quand éclata à Alger, au soir du 21 avril 1961, le putsch des généraux. L'affaire était, cette fois, grave, et, deux longs jours durant, plana une menace de débarquement aéroporté, de subversion interne, où les conjurés du 13 mai étaient cette fois en posture de défenseurs de la légalité menacée. Les barricades de 1960 étaient nées de l'annonce d'une conférence de presse, le putsch de 1961 de la perspective d'une déclaration relative à l'ouverture des pourparlers de paix. Un discours, parfait, fit tomber les armes des mains des officiers rebelles après quatre jours d'illusions et d'agitation, comme un autre discours avait renversé, quinze mois plus tôt, les dérisoires barricades d'Alger. La répression, à la faveur des pleins pouvoirs aussitôt saisis, allait suivre sans retard. La négociation pouvait s'ouvrir.

La paix et ses conséquences (mai 1961–novembre 1962)

C'est à Évian, le 20 mai, que débutèrent les pourparlers avec les nationalistes. [...] Les accords consacrant l'indépendance algérienne, le cessez-le-feu, le retrait progressif de la France de ce pays et du Sahara étaient enfin signés le 18 mars 1962. Six mois difficiles et politiquement mouvementés allaient suivre.

L'activisme n'avait pas désarmé. [...] Les attentats se multipliaient en métropole où les « nuits bleues » ponctuées d'explosions alternaient avec les assassinats. Par deux fois, en minant d'abord la route qu'il devait emprunter le 8 septembre 1961 près de Pont-sur-Seine, puis en prenant sa voiture sous le feu croisé d'un commando au Petit-Clamart, le 22 août 1962, l'OAS allait tenter de tuer de Gaulle. S'il demeurait parfaitement impavide sous les balles, le chef de l'État n'en tirait pas moins des conclusions inattendues du second de ces attentats pour les institutions et l'avenir du régime.

On lui avait fortement conseillé, au moment du référendum de ratification des accords d'Évian, en avril 1962, de procéder immédiatement aux élections législatives.

Il avait écarté cette suggestion... et aussi celui qui l'avait faite, M. Michel Debré. À la stupeur de l'opinion, voici qu'il appelait au poste de Premier ministre un ancien membre de son cabinet de 1945, directeur de son cabinet en 1958, mais entre-temps professeur, maître de requêtes au Conseil d'État et fondé de pouvoir de la Banque Rothschild, M. Georges Pompidou. [...]

Quand, après le Petit-Clamart, de Gaulle décida soudain de précipiter la réforme de la Constitution, à laquelle il songeait depuis deux ans, afin d'y introduire l'élection du président de la République au suffrage universel et direct – « *Il faut faire vite*, dit-il au Conseil des ministres, *je n'ai peut-être plus que deux mois à vivre* » –, l'opposition fit le plein au Palais-Bourbon et renversa M. Pompidou. De même qu'il avait pris le contre-pied des avis qui lui étaient prodigués en renvoyant le Premier ministre précédent plutôt que les députés, le Général choisit cette fois, puisque l'Assemblée avait renversé le gouvernement, de la dissoudre. Le référendum constitutionnel du 28 octobre ne fut pas un triomphe, et, suivi par la majorité des votants (61,75 %) mais non des inscrits (46,44 %), le chef de l'État s'accorda vingt-quatre heures de méditation boudeuse. Surprise : les élections fournissent la revanche et les gaullistes ne manquent la majorité absolue que de quelques sièges, que des alliés modérés fourniront. Les suites politiques, électorales et institutionnelles de l'affaire d'Algérie s'achèvent. Avec quatre ans de retard, après avoir impatiemment attendu son heure, le Général va pouvoir enfin accorder tous ses soins au déploiement de sa stratégie à l'échelle planétaire, de sa « grande » politique étrangère.

Diplomatie (décembre 1962–mai 1964)

Cette diplomatie enfin libérée de la contrainte algérienne et auréolée d'un quadruple prestige au départ – l'indépendance des pays de la Communauté, l'importance relative de l'aide que leur apporte la France, la possession de l'arme nucléaire et une certaine forme d'indépendance agressive à l'égard des alliés occidentaux – va s'engager simultanément dans plusieurs directions. La conférence de presse du 14 janvier 1963 apporte deux refus tranchants : non à l'entrée de la Grande-Bretagne dans le Marché commun, non à la force multilatérale proposée par les États-Unis. Huit jours plus tard exactement, le général de Gaulle, dans un geste théâtral et de sa part peu habituel, donne l'accolade au vieux chancelier Konrad Adenauer : ils viennent de signer le traité d'amitié franco-allemand, couronnement d'une longue œuvre de réconciliation.

[...]

Mais dès le début de 1964 déjà la grande diplomatie commençait à lasser. Le plan Fouchet d'union politique de l'Europe n'avait pas abouti. Les menaces d'inflation, leurs séquelles sociales, comme la grève des mineurs de mars 1963, avaient à diverses reprises détourné des affaires extérieures – le temps de mettre en place en septembre un «plan de stabilisation» qui deviendrait un élément quasi permanent de l'administration du pays.

L'avenir était de nouveau offert et d'autres projets retenus, d'autres idées agitées.

Fonder l'avenir (depuis avril 1964)

[...] Après une phase de découragement, voici qu'il retrouvait une raison de s'enthousiasmer, de calculer, d'agir : établir son régime pour qu'il lui survive, fonder durablement un pouvoir indépendant des fluctuations électorales et des humeurs des Français, si changeants. Faute d'une monarchie, pourquoi ne pas instituer un système qui permette aux successifs «hommes de la nation» de se transmettre, comme un «témoin» dans une course de relais, la magistrature suprême sous réserve d'une ratification populaire?

Une échéance rendait ces préparatifs plus urgents, plus concrets aussi, et donnait à l'entreprise cette allure de lutte et de conquête qui en fait l'intérêt. L'élection présidentielle de décembre 1965 était une charnière; il fallait en profiter. Par touches prudentes, par gestes symboliques soigneusement dosés, le Général donnait à entendre qu'il avait choisi son dauphin: le Premier ministre. Était-ce exactement de Georges Pompidou qu'il s'agissait ou du chef du gouvernement ès qualités en quelque sorte? En d'autres termes, voulait-il indiquer que son plus proche collaborateur étant le Premier ministre, celui-ci, quel qu'il soit, lui paraissait le plus apte en cas de malheur à assumer sa succession?

Et surtout, s'effacerait-il à son profit ou déciderait-il finalement de briguer lui-même, à 75 ans, un nouveau mandat de sept ans?

Le «suspense», savamment entretenu, allait durer plus de dix-huit mois. Le 31 janvier 1964, interrogé à une conférence de presse où il venait de décrire le président de la République comme l'unique source de tout pouvoir, il s'en tirait par une boutade. Puisque la candidature de M. Defferre avait été lancée avant d'être annoncée sous l'étiquette publicitaire de «M. X», il répliquait: «Hé bien! M. X, ce sera le général de Gaulle.» Affectant d'être indifférent aux premiers remous de la précampagne présidentielle, il poursuivait la mise en œuvre de sa politique extérieure. [...]

1965 sera une grande année électorale. Dès le printemps, les élections municipales voient se nouer l'accord de type Front populaire entre la SFIO et le PC. Sans s'arrêter à ces péripéties, le Général se préoccupe des grands problèmes mondiaux, crise de l'ONU et surtout affaires monétaires internationales: c'est le 4 février qu'à sa conférence de presse semestrielle il a pris position en faveur du retour à l'étalon-or, attitude qui sera maintenue pendant les années suivantes avec obstination, mais sans grand succès. Parallèlement, il amorce un rapprochement avec l'URSS qui conduit notamment, le 22 mars, à la signature d'un accord pour l'exploitation en commun du procédé français de télévision en couleurs.

Tandis que la campagne de M. Mitterrand, devenu le 9 septembre le candidat unique de la gauche, se développe, que M. Lecanuet prend place à son tour le 19 octobre sur la ligne de départ et commence sa propagande, le général de Gaulle cèle toujours ses intentions et attend son heure. Celle-ci sonne enfin le 4 novembre: «Pour éviter l'écroulement et la confusion», il sera candidat.

Le grand tournant (décembre 1965)

La campagne présidentielle s'engage, animée et bientôt acharnée. Le Général, soutenu par tous les moyens de la puissance publique et de la propagande gaulliste, fait front devant cinq adversaires. À son challenger de gauche, M. Mitterrand, au séduisant champion du centre, M. Lecanuet, au porte-drapeau de l'extrême droite, M. Tixier-Vignancour, se sont joints, en effet, un sénateur qui siège au centre, vote parfois à gauche et compte néanmoins parmi la droite, M. Marcilhacy, et un Français moyen, animateur de mouvements coopératifs, qui fera entendre dans la campagne la voix des «petits», M. Marcel Barbu.

Dans les derniers jours, alors que la cote de M. Lecanuet ne cesse de monter, l'inquiétude des gaullistes s'accroît et M. Pompidou, secondé par M. Roger Frey, réagit, donne le ton, anime le débat, déclenche la contre-attaque. À l'approche du scrutin, les sondages d'opinion laissent cependant prévoir un ballottage.

Et il se produit, en effet. Au premier tour, le 5 décembre, la participation atteint un niveau record : 15 % d'abstentions seulement. Le général de Gaulle, avec 10,5 millions de voix, obtient 43,71 % des suffrages exprimés et 36,78 % des inscrits. M. Mitterrand a 7,6 millions de voix, soit 32,23 % des suffrages et 27,12 % des inscrits. M. Lecanuet est en troisième position avec 3,7 millions des suffrages (soit 15,85 %) ; MM. Tixier-Vignancour, Marcilhacy et Barbu ont été préférés respectivement par 5,27 %, 1,73 % et 1,16 % des électeurs qui ont voté. Les Français, après sept ans de régime, ont mis de Gaulle en ballottage.

Quelque chose s'est brisé ce jour-là.

Cependant le Général tire, pour l'immédiat, la leçon de ce demi-échec. Il descend dans l'arène, inaugure une nouvelle formule d'intervention publique : l'entretien télévisé avec M. Michel Droit, à laquelle il recourra aussi souvent dès lors qu'à la conférence de presse. Il est incisif, séduisant, ironique, alerte, électoral en un mot. De son côté, M. Mitterrand s'affirme, se montre direct, sérieux et souvent habile. Il se présente désormais comme «*le candidat des républicains*» et obtient des ralliements inattendus, faisant le plein de l'antigaullisme de toutes tendances. Le résultat, surtout après la leçon du ballottage, n'est pourtant pas douteux. Le 19 décembre, le Général est élu avec 126 millions de voix (54,50 % des suffrages exprimés ou 44,79 % des inscrits). M. Mitterrand a 10,5 millions des suffrages (45,49 % des suffrages exprimés ou 37,39 % des inscrits, métropole seule). Le second septennat commence.

Le reflux (janvier 1966 – avril 1969)

Le climat de campagne électorale ne va pas céder pour autant. En fait, l'année 1966 tout entière sera dominée par les préparatifs d'un nouvel affrontement, les élections législatives, que le ballottage de l'élection présidentielle a rendues moins assurées pour le régime, plus attractives pour ses adversaires, qui reprennent courage.

Ces élections doivent normalement se dérouler au printemps 1967. Mais de nombreux gaullistes et bientôt le Premier ministre lui-même pensent qu'il vaudrait mieux les hâter, dissoudre l'Assemblée et procéder à son renouvellement «dans la foulée» de l'élection présidentielle, ou au moins à l'automne 1966. De Gaulle semblera hésiter, gardera le secret de ses intentions, et ce n'est finalement qu'à l'automne, quand déjà il est bien tard, que la décision de laisser jouer les mécanismes constitutionnels et d'organiser la consultation à l'époque fixée par la loi, en mars 1967, sera connue.

[...]

Une affaire à «suspense», née en fait, le 29 octobre 1965 avec l'enlèvement d'un leader syndicaliste marocain, M. Mehdi Ben Barka, en plein Paris par des policiers français, va tenir en ce début d'année le devant de la scène. Inculpation de policiers, mise au jour d'une chaîne de complicités, poursuite d'un des auteurs du rapt, un repris de justice nommé Georges Figon, qui meurt, suicidé dit-on, à l'instant même où la police fait irruption dans sa cachette, «limogeage» du directeur des services secrets, le SDECE, procès du ministre de l'Intérieur et du directeur de la Sûreté du Maroc, le premier par contumace, le second venu se présenter devant la justice française et dont l'arrivée provoque le renvoi de l'affaire... Tout au long de l'année, les rebondissements de ce roman policier et d'espionnage contribueront à alourdir l'atmosphère, d'autant que le général de Gaulle a publiquement promis que toute la lumière sera faite et qu'elle ne le sera pas complètement.

Mais ce sont les préparatifs électoraux qui retiendront l'attention. Aux premiers jours de la session de printemps du Parlement, une motion de censure a été rejetée, n'ayant recueilli que cent trente-sept voix. Dans le Nord, le général de Gaulle a évoqué, au cours d'un voyage, l'éventualité d'une réforme du Sénat. À Bruxelles, le Marché commun agricole prend forme laborieusement, lentement. L'Organisation atlantique traverse une crise sérieuse car, comme il l'avait laissé entendre à sa conférence de presse du 21 février, le général de Gaulle a adressé le 7 mars, au président Johnson, une lettre l'avisant du retrait de la France de l'OTAN. Les commandements et forces atlantiques installés sur son territoire devront le quitter. La France reste cependant membre de l'alliance.

Tous ces événements, et bientôt également le voyage triomphal que le général de Gaulle fera du 20 juin au 1er juillet en Union soviétique, puis sa visite en Océanie pour assister à une expérience nucléaire, et qui sera marquée au passage par de violentes échauffourées à Djibouti et par un discours sur la guerre du Vietnam, à Phnom Penh, sont reçus et commentés par les leaders politiques français dans un état d'esprit préélectoral.

[...]

Dans son allocution du 31 décembre, le général de Gaulle se montre confiant : «*Au seuil de l'année nouvelle, les choses s'annoncent bien pour la France.* »

Un mot qui fera fortune retentit le 10 janvier 1967. C'est le « oui mais » de M. Giscard d'Estaing auquel de Gaulle réplique : « On ne gouverne pas avec des « mais »... Les affrontements sont rudes. Finalement, le 5 mars, au premier tour, la participation est considérable (19,1 % d'abstentions). La Ve République maintient ses positions (37,75 %), le P. C. progresse légèrement (22,46 %), le Fédération de la gauche (18,79 %) stagne. Le Centre démocratique recule, le PSU ne figure pas et l'extrême droite est écrasée. Et le 12 mars, au second tour, la majorité retrouve 244 sièges sur 487, soit exactement la majorité absolue. Plusieurs ministres, MM. Couve de Murville et Messmer en particulier, sont battus ainsi que 73 députés sortant de la coalition majoritaire, qui ne conquiert que 33 nouveaux sièges. M. Mendès France l'a emporté à Grenoble et la Fédération passe de 91 à 116 députés, le P.C. de 41 à 73. Le centre retrouve non sans mal une quarantaine d'élus. La division en deux camps déjà inscrite dans les candidatures et dans les « duels » du second tour, fort nombreux, s'établit au Palais-Bourbon. Après le ballotage de l'élection présidentielle de 1965, c'est un second avertissement, une nouvelle étape du reflux.

Le gouvernement est de nouveau remanié par l'installation de M. Louis Joxe à la Justice, de M. Peyrefitte à l'Éducation nationale, de M. Fouchet à l'Intérieur, l'entrée de M. Gorse à l'Information : ce sont les hommes qui recevront les premiers le choc de mai 1968. À peine la nouvelle Assemblée a-t-elle pris séance qu'éclate une petite bombe : le premier ministre

demande au Parlement des « pouvoirs spéciaux » d'ordre économique et social, sous le prétexte de préparer l'échéance du
1er juillet qui est celle de la libération complète des échanges
au sein du Marché commun. Il faudra cinquante jours de procédure et de bataille parlementaire pour qu'il les obtienne,
après que trois motions de censure successives eurent recueilli
236, puis 237 voix au lieu des 244 requises pour leur adoption.
M. Pompidou y gagnera quelques mois de tranquilité relative,
mais il les aura payés cher : l'agitation et l'irritation sont vives
chez les « giscardiens », devenus des alliés indispensables mais
exigeants, et au centre ; les syndicats ouvriers ont un thème
de revendications, la majorité va d'ailleurs être secouée par de
nouveaux remous.

La guerre des Six-Jours

Ceux-ci sont provoqués par la crise du Moyen-Orient, qui
débouchera le 5 juin sur la « guerre des Six-Jours ». À chaque
étape, le général de Gaulle a réitéré ses appels à la modéra-
tion à l'adresse des deux camps, sa proposition d'une concertation des Quatre Grands. Les hostilités commencées, il
désigne Israël comme l'agresseur, met l'embargo sur toutes
les fournitures d'armes aux belligérants, c'est-à-dire en fait
au seul État hébreu. Il est à contre-courant de l'émotion populaire.

À la bataille des « pouvoirs spéciaux » succède cependant la
querelle des ordonnances. Le gouvernement prendra tout au
long de cet été 1967 une foule de mesures mineures ou importantes qui iront de la réorganisation de la Sécurité sociale à
l'intéressement des travailleurs, en passant par l'emploi, l'agriculture, le commerce… Ces ordonnances qu'il s'est engagé
à faire ratifier par le Parlement, ce qui sera entrepris seulement après les élections de juin 1968 lorsqu'il ne s'agira plus
que d'une formalité, l'opposition politique et syndicale en
demande l'abrogation. Attaques, grèves, revendications vont
se poursuivre sur ce thème pendant près d'un an, tandis que
M. Giscard d'Estaing fera la critique de plus en plus sévère de
la présidence et du contenu de la politique ainsi mise en
œuvre.

Comme si cela ne suffisait pas, le général de Gaulle fournira
au mois de juillet un nouvel aliment aux discordes entre ses
partisans et aux assauts de ses adversaires en lançant au cours
de son voyage au Canada le cri de « *Vive le Québec libre* », qui
provoquera un incident diplomatique, l'amènera à abréger une

visite ainsi limitée au seul Québec et suscitera en France de nouvelles controverses. Et, au moment où à la fin de l'année la crise de conscience des gaullistes et les discussions à propos d'Israël paraissaient s'apaiser, il qualifiera le peuple juif de « *peuple d'élite, sûr de lui-même et dominateur* », relançant les querelles.

Les communistes et les fédérés ont conclu, au terme de pourparlers ardus, un accord sur un long document publié le 10 février et qui résume les positions des deux formations, relève les concordances et prend acte des divergences. C'est un catalogue et non un programme commun. M. Pompidou y a trouvé une phrase qui a trait aux mesures de défense que prendrait un gouvernement de gauche contre ses adversaires et il l'interprète comme l'annonce de la « dictature du prolétariat ». Les signataires du document protestent et s'expliquent. La polémique durera, acerbe, jusqu'au grand vent de mai, qui emportera tout.

L'explosion de mai et le triomphe de juin

Aux premiers beaux jours, tandis que s'achèvent les vacances pascales, rien ne laisse prévoir l'explosion et l'enchaînement qui vont bouleverser le décor de la vie nationale. L'agitation estudiantine, sans passer vraiment inaperçue, et en particulier l'effervescence qui régnait à Nanterre où proliféraient de petits groupes révolutionnaires, ne semblait pas devoir déborder sensiblement le cadre de l'Université. [...]

Nul n'a oublié comment les incidents de Nanterre, d'autres coups de fièvre dans différentes universités de province, devaient entraîner des réactions mal calculées des autorités qui tour à tour suspendaient, reprenaient, suspendaient à nouveau les cours. Comment ensuite la fermeture de Nanterre, celle de la Sorbonne le 3 mai, les heurts et les bagarres, une répression brutale des premières manifestations, ce qui provoquait aussitôt de nouvelles démonstrations de solidarité, rudement réprimées à leur tour, ont débouché sur les barricades du quartier Latin, puis sur le déchaînement des violences, la grande manifestation de la gauche le 13 mai, la grève bientôt généralisée, les drapeaux rouges et noirs, l'occupation des bâtiments universitaires, de l'Odéon, de nombreux lieux de travail, dans l'effondrement rapide des structures de l'État et de son autorité. On sait aussi combien le général de Gaulle avait misé sur ce référendum qu'il annonçait au pays le 24 mai sur la « participation » et qui lui semblait constituer la réponse à toutes les questions que posait la situation. [...]

Le référendum avait dû être annulé. La dissolution de l'Assemblée, dont de Gaulle ne voulait pas, avait dû être prononcée. L'homme qui avait incarné aux yeux de beaucoup de Français le sang-froid et l'ordre dans l'orage, puis aux yeux des gaullistes le succès électoral, avait été écarté. La victoire du Général n'était pas vraiment, pas entièrement la sienne et il entendait bien se faire personnellement plébisciter dès que le calme serait revenu.

Les difficultés monétaires de la rentrée, la crise du franc en novembre, le refus *in extremis* de dévaluer montraient à quel point le président de la République avait rétabli son contrôle direct et constant sur l'action gouvernementale. Il corrigeait aussi sa politique étrangère, et la réconciliation avec l'Amérique, facilitée par l'élection de M. Nixon, achevait de montrer la vanité des illusions qui avaient dicté la « grande » diplomatie gaullienne.

Le projet de référendum sur la participation demeurait cependant sa préoccupation majeure. Il ne s'agissait plus désormais de participation des salariés, mais de régionalisation et, pour alourdir l'enjeu, il y fit joindre une large révision de la Constitution portant sur la « rénovation » du Sénat, mais aussi sur l'intérim de la présidence, les règles de révision de la Constitution, tout en posant au pays la « question de confiance ». Le refus qui vient d'être signifié par le corps électoral a entraîné, après presque onze années de pouvoir quasi absolu, le départ du général de Gaulle qui, retiré à Colombey, va sans doute entreprendre la rédaction du quatrième tome de ses *Mémoires*.

Pierre VIANSSON-PONTÉ, 21 avril 1969

Le monde sans de Gaulle

Il y a huit jours encore, on aurait difficilement trouvé dans les ambassades, dans les rédactions des grands journaux étrangers, dans les centrales des services de renseignements, une seule personne pour penser sérieusement que le référendum pourrait être négatif. Lorsque *Le Monde* fit état d'un sondage officieux donnant la victoire au « non », la première réaction, notamment à Londres, fut de dire qu'il s'agissait d'une manœuvre d'intoxication. On interpréta de même la hausse du dollar. Il fallut la publication des études de la Sofres et de l'Ifop pour que l'on commence à envisager l'éventualité d'un échec, auquel, cependant, personne n'arrivait tout à fait à croire. C'est donc une surprise générale confinant au saisissement qui caractérise les réactions des capitales étrangères devant l'effacement du dernier des grands survivants de la Deuxième Guerre mondiale. Ce dénouement prosaïque a beau singulièrement rappeler la chute de Churchill en juillet 1945, il n'en reste pas moins si mal accordé au personnage et à la légende de l'homme des tempêtes qu'on a du mal à se persuader de sa réalité.

Se mêle-t-il, à cet étonnement général, une part de satisfaction ? Le Général avait trop défié à la ronde pour que le premier réflexe de ceux qui se sont si souvent heurtés à lui ne soit pas de soulagement. Mais aussitôt celui-ci ressenti, sinon exprimé, une double question est presque partout posée : la disparition de la scène politique du chef de la France libre signifie-t-elle pour autant la fin de la diplomatie gaulliste ? N'est-elle pas de nature à entraîner des troubles, notamment dans l'ordre économique et monétaire, dont pourraient bien pâtir en fin de compte les gouvernements les plus hostiles à cette diplomatie ?

Déjà au moment de la crise de mai on avait vu se produire, ouverte ou implicite, une étonnante convergence des sympathies étrangères en faveur de celui qui était alors le président de la République. À Moscou, on redoutait que, s'il était renversé par la révolution, une junte de protégés de la CIA ne mît fin rapidement au rapprochement grâce à lui largement amorcé entre la France et les pays socialistes.

À Washington, au contraire, on craignait un coup d'État communiste. Nos voisins s'inquiétaient d'une contagion probable de l'agitation universitaire et ouvrière. Les Arabes et, d'une manière générale, les pays du « tiers monde » ne se seraient pas consolés de l'éviction du seul homme d'État occidental qui ait véritablement manifesté de la compréhension pour leurs problèmes. Les Roumains, les Polonais, les Yougoslaves, les Tchécoslovaques, de leur côté, voyaient en lui l'apôtre de leur émancipation. Il n'est pas jusqu'aux Cubains, en dépit du rôle joué dans le soulèvement étudiant par le mythe du « Che », qui n'aient discrètement donné à entendre qu'ils verraient sans plaisir s'en aller le Général, grâce auquel ils se sentaient un peu moins dépendants, pour résister à la pression américaine, du seul bon vouloir des Soviétiques. Pour manifester une hostilité ouverte au régime, il n'y avait guère que quelques dépêches de l'agence Chine nouvelle : encore n'y trouvait-on aucune attaque contre le chef de l'État lui-même, tandis que les dirigeants de Pékin restaient muets.

En fait, un seul pays sans doute se serait vraiment réjoui à l'époque d'un départ du président de la Ve République : Israël, où l'attitude de l'Élysée depuis la « guerre des Six-Jours » était ressentie comme une sorte de trahison. [...] Il fait d'ailleurs peu de doute que parmi les voix qui viennent de faire défection au général de Gaulle se trouvent celles de bon nombre de Juifs français qui n'ont jamais pu comprendre les motifs de son revirement à l'égard d'Israël. [...]

Un style par trop militaire

Ce style par trop militaire, quel mal n'a-t-il pas fait à la diplomatie gaulliste ! Il est aussi facile de blesser une nation ou un gouvernement qu'un individu. Le général de Gaulle ne s'en est pas privé. Aimant la France d'un amour dont on ne saurait mettre en doute la sincérité, il s'est persuadé une fois pour toutes que dans la jungle internationale il faut se garder de compter sur l'amitié des autres, surtout s'il s'agit de grandes puissances, et s'occuper avant tout de forcer leur respect. Ce respect, il l'avait certes gagné, en dépit des caricatures souvent féroces de la presse anglaise, américaine, allemande et, il y a plus longtemps, soviétique. Mais il l'avait gagné plus pour lui, grâce à son prestigieux passé, à sa force de caractère, à son éloquence, que pour la France elle-même. En revanche, il avait réussi à détourner de lui quantité de gens qui eussent été tout prêts à reconnaître à notre pays, dans les faits, la prépondérance en Europe, pour peu qu'il ne parût pas l'exiger en droit.

Que restera-t-il, maintenant que le Général est retourné dans son village, de l'indépendance qu'il avait rendue à notre pays, à condition toutefois d'être seul à l'exercer, et du rang qu'il s'est donné tant de mal pour lui assurer ? Nul ne peut mettre en doute l'intention de la majorité actuelle, si elle conserve le pouvoir, de persévérer dans la direction qu'il a tracée. En bonne logique, un Pompidou devenu président de la République devrait mettre à défendre l'orthodoxie gaulliste une persévérance d'autant plus ombrageuse qu'on le soupçonnera d'être sensiblement plus tiède que celui dont il aura recueilli l'héritage.

Il n'empêche que le propre de la diplomatie de la Ve République est d'avoir été pendant onze ans définie et mise en œuvre par un seul homme, qui considérait qu'elle appartenait à son « domaine réservé » et qui mettait à son service une énergie, une audace, un panache dont on peut bien dire, sans faire injure à personne, qu'on ne voit pas quel autre Français les réunit aujourd'hui. On serait donc tenté de croire que sans remettre en cause les orientations précédemment définies, sans demander aux Américains de revenir en France et sans réintégrer l'OTAN, une Ve République *bis* pourrait bien manifester dans ses relations internationales moins de dynamisme et moins d'initiative que la Ve tout court. À plus forte raison si la « troisième force » devait, selon la formule de M. Lecanuet, devenir la « première », puisque l'un de ses constants griefs à l'égard du général de Gaulle touchait l'attitude de celui-ci envers les alliés.

À vrai dire, cette évolution presque inévitable, à moins de nouveaux bouleversements internes, vers plus de souplesse à l'égard des nations atlantiques était déjà esquissée depuis un an. La révolte de mai avait à la fois affecté le prestige du chef de l'État et entamé le stock de devises sur lequel il s'appuyait pour faire la guerre au dollar. L'invasion de la Tchécoslovaquie avait donné un coup d'arrêt brutal à la politique dont le slogan « *L'Europe de l'Atlantique à l'Oural* » résumait les ambitions. La crise monétaire de novembre avait fait prendre conscience de la puissance retrouvée de l'Allemagne et poussé à rechercher, pour tenter de la contrebalancer, un rapprochement avec la Grande-Bretagne. […] Enfin, les relations avec les États-Unis, presque toujours mauvaises pendant les dix dernières années, avaient, depuis l'arrêt des bombardements sur le Vietnam du Nord et plus encore depuis la visite de M. Nixon à Paris, connu une amélioration radicale.

De toute façon, c'en est sans doute fini pour longtemps des initiatives spectaculaires et de la diplomatie de mouvement que le Général a pratiquée avec un succès inégal tout au long de son règne. Le dialogue soviéto-américain, la réaffirmation de la mainmise de Moscou sur son glacis européen, les difficultés de notre économie, qui ont imposé le ralentissement de la réalisation de la force de frappe, laissaient déjà peu de champ à d'autres actions que des refus hautains ou des tentatives de conciliation comme celle qui se poursuit à New York à propos du Moyen-Orient. Au mois de juin 1968 déjà, on avait pu annoncer dans ces colonnes une éclipse au moins temporaire de notre diplomatie. Si l'on conçoit celle-ci seulement sous l'aspect des coups de théâtre, il est à craindre que l'éclipse ne se poursuive longtemps.

Une triple tâche

Ce n'est pas à dire qu'il n'y ait pas pour le gouvernement de ce pays, quel qu'il soit, une tâche importante à accomplir dans l'ordre extérieur. Il lui faut d'abord s'employer à empêcher que la crise politique ouverte par la victoire du « non » ne se transforme en crise monétaire. Pour ce faire, il est assuré de la solidarité de tous nos alliés, aussi intéressés que nous à éviter la débâcle du franc. Il faut aussi que l'action de la France en faveur du « tiers monde » soit poursuivie si l'on ne veut pas que celui-ci se voie réduit à choisir entre Pékin et Moscou.

Il faut enfin remettre sur le métier la toile de Pénélope de l'Europe. C'est sur ce point, en effet, que l'histoire sera sans doute la plus sévère pour le général de Gaulle. En exaltant l'esprit national comme le seul moteur de l'activité politique, il n'a pas seulement contribué à le réveiller chez notre grand voisin d'outre-Rhin, qui en a fait, dans le passé, bien mauvais usage. Il a ralenti le courant qui poussait les peuples du continent à s'associer. Il n'a pas compris qu'on ne pouvait échapper à la « double hégémonie » qu'il a si souvent condamnée sans consentir certains abandons de la sacro-sainte souveraineté de l'État. En s'opposant avec acharnement à la candidature d'une Grande-Bretagne enfin convertie à une idée qu'elle avait auparavant, il faut bien le dire, tout fait pour saboter, il a retardé le moment où nos deux peuples pourront par leur association retrouver dans les affaires du monde la place éminente que leur a fait perdre une rivalité fratricide.

Que la France, une fois amorti le choc provoqué par le départ de la scène mondiale du géant qui l'a tant agitée, s'engage dans cette triple voie avec constance, dignité, fermeté, et l'on pourrait découvrir rapidement que notre pays a d'autres moyens de se faire entendre et respecter que ceux auxquels le général de Gaulle a si souvent et si justement reproché aux autres de recourir.

André FONTAINE, 29 avril 1969

La campagne

Au cours du mois de mai, les sondages oscillent, surtout en ce qui concerne les opposants à la candidature de Georges Pompidou.

Alain Poher, que certains au début du mois voyaient en président de la République, passe de 39 % à 25 % d'intentions de vote.

Avec la Constitution de 1958, le centrisme n'apparaît plus aux yeux des électeurs comme une force capable de diriger le pays.

À gauche, Jacques Duclos s'impose avec gouaille tandis que Gaston Defferre a du mal à mobiliser les cadres socialistes comme les électeurs de la gauche non communiste.

Une question demeure au cours de cette campagne : le futur président gouvernera-t-il avec une assemblée élue au lendemain de mai 1968 et essentiellement gaulliste, ou sera-t-il obligé de provoquer de nouvelles élections législatives ? Georges Pompidou s'est prononcé : il maintient l'Assemblée en l'état. Il offre aux électeurs la stabilité. M. Poher est plus évasif, quant aux candidats de gauche, ils souhaitent renouveler l'Assemblée nationale.

Aux Armagnacs et aux Bourguignons

Extraordinaire pays! Un an après avoir frôlé la guerre civile, la France s'apprête à confier son destin à un homme qui, gaulliste ou centriste, sera avant tout, n'en doutons pas, un «modéré». Certes, le passé, les goûts, les manières, distinguent nettement l'impérieux Auvergnat du Breton débonnaire. Mais le contraste entre eux est faible au regard de la distance qui les sépare l'un et l'autre de celui auquel ils aspirent à succéder. De Gaulle entendait réveiller son peuple, le mettre à la hauteur des défis de l'histoire. MM. Pompidou et Poher s'évertuent surtout à rassurer l'électeur, ce qui pousse chacun, comme on l'a partout relevé, à essayer de ressembler le plus possible à l'autre.

Entre les deux, il faudra pourtant bientôt choisir, et quantité de nos compatriotes, si l'on en croit les sondages et les conversations, l'ont déjà fait. Dans leur décision, les facteurs subjectifs jouent un rôle essentiel. On préfère la tête de celui-ci à celle de celui-là. On prête l'oreille à toutes sortes de rumeurs. Des non-gaullistes voteront Pompidou pour éviter une dissolution qui ne pourrait conduire, à leurs yeux, qu'à la confusion. Des anticléricaux de longue date, voire des communistes, apporteront leurs suffrages à un bien-pensant pour abattre un régime trop contraire à leur conception de la démocratie. Ne vaudrait-il pas mieux se prononcer sur des intentions déclarées ?

On dira que, de toute évidence, les deux rivaux ne se font pas la même idée des fonctions auxquelles ils postulent. Bien que M. Pompidou ait rejeté comme M. Poher la notion gaullienne du «domaine réservé» du chef de l'État, il suffit de contempler ce nez bourbonien, cet œil gauche qui surveille l'interlocuteur pendant que le droit le regarde, ces allures un peu carnassières, pour se persuader qu'en tout état de cause il veut être le patron. Avec cet homme qui donne des ordres et entend qu'on les suive, c'est plutôt le chef du gouvernement qui aurait sans doute quelque peine à se tailler, « réservé » ou pas, un domaine. En revanche, quelle que soit sa volonté d'être non seulement un « *arbitre* » et un « *garant* », mais un « *animateur* », quelles que soient la ruse et la fermeté qui se cachent derrière sa bonhomie, on n'a pas de peine à croire M. Poher quand il affirme qu'il ne doit y avoir qu'« *un seul gouvernement, celui du Premier ministre, qui a pleine initiative pour appliquer la politique souhaitée par la nation* ».

Mais c'est là cependant question de style, de conception du pouvoir, non d'orientation de son exercice. Un président autoritaire peut faire, en matière économique et sociale, ou, comme le général de Gaulle ne s'en est pas privé, à l'extérieur, une politique de gauche, et un démocrate souriant se soumettre aux injonctions du patronat ou de quelque protecteur étranger. À cet égard, rien dans ce qu'ont dit jusqu'à présent les deux principaux candidats ne permet d'établir avec certitude lequel serait le plus ouvert – ou le moins fermé – aux revendications sociales ou aux aspirations de la jeunesse, et lequel le plus attentif aux impératifs de l'équilibre budgétaire et de la stabilité monétaire.

Une longue querelle

En va-t-il autrement de la politique étrangère ? Là aussi le vocabulaire employé – Europe, détente – est dans sa banalité fort convergent. Il n'empêche que MM. Pompidou et Poher sont les héritiers des deux familles d'esprit dont l'incessant antagonisme n'a pas peu contribué depuis vingt ans aux malheurs du pays, chacune soupçonnant, voire accusant ouvertement, l'autre de trahison au profit, suivant les cas, des Américains ou des Russes. Depuis l'époque des Armagnacs et des Bourguignons, ou des guerres de Religion, notre conscience nationale, à cet égard, n'a pas beaucoup progressé.

[...]

L'erreur commune des fanatiques des deux bords, qu'on sent tout prêts à s'entre-déchirer aujourd'hui comme aux beaux jours de l'armée européenne, c'est de ne pas voir à quel point la situation a évolué depuis 1954 et même depuis 1968, et de ne pas comprendre que la prolongation de leur querelle, qui a perdu dans une large mesure son objet, ne peut que compliquer la solution des problèmes auxquels la nation devrait se consacrer en priorité.

Il y a quinze ans, le monde était en pleine guerre froide. Chacun était appelé de manière impérative à choisir son camp. Les dirigeants de l'Europe des Six, sous l'effet de l'incessante pression américaine en faveur du réarmement allemand, oubliaient qu'elle avait été conçue au départ comme une « troisième force » entre les États-Unis et l'URSS. Les gouvernants de l'époque, à commencer par M. Mendès France, se souviennent de la manière indiscrète dont Foster Dulles ou M. David Bruce se mêlaient de leurs affaires, prétendant pratiquement leur dicter leur ligne de conduite. Sans doute les Américains auraient-ils aimé pouvoir se décharger sur un ensemble européen d'une part de leurs responsabilités. Mais, pour en persuader les intéressés, il leur aurait fallu s'y prendre autrement. Le général de Gaulle, dans ces conditions, pouvait paraître assez fondé à soutenir que le seul fédérateur de l'Europe était malheureusement américain. En fait, il était bien difficile de faire la distinction entre l'intégration européenne et l'intégration atlantique.

Maintenant, la guerre froide a cédé la place à la coexistence. Ce n'est pas la paix, certes, qui suppose la réconciliation des cœurs, mais c'est au moins l'armistice, basé sur un partage que ni Washington ni Moscou ne pensent avoir les moyens de remettre en cause avant longtemps. De ce fait la conscience d'une menace a fortement diminué, pour ne pas dire disparu. Les besoins militaires ont cessé d'avoir la priorité. Soucieux, pour maintenir le *statu quo*, d'éviter le démantèlement de l'alliance atlantique, les États-Unis se sont maintenant officiellement accommodés, par la voix de M. Nixon, de la volonté de la France de préserver son indépendance. L'intention du Canada de réduire à un niveau symbolique sa participation à l'OTAN n'a soulevé qu'une très modeste émotion, et personne ne s'attend à voir le prochain président de la République française demander aux Américains, qui en seraient sans doute d'ailleurs fort embarrassés, de ramener des troupes sur notre sol. Comme, de surcroît, l'invasion de la Tchécoslovaquie a ruiné pour longtemps l'espoir entretenu par le général de Gaulle de voir la politique de « *détente, entente et coopération* » conduire à « *l'Europe de l'Atlantique à l'Oural* », et que, du Vietnam au Moyen-Orient, les États-Unis cherchent clairement à réduire le poids de leur engagement, les relations franco-américaines se trouvent allégées de l'essentiel du contentieux qui les a empoisonnées pendant un quart de siècle. La sérénité de Washington devant l'actuelle campagne électorale est à cet égard significative, surtout si on la compare à ce qui s'était passé en 1965, alors que M. Lecanuet avait vraiment un peu trop fait figure de candidat « atlantique ».

La Grande-Bretagne et l'Europe

Une autre tension devrait, elle aussi, se réduire : celle qui a résulté de la demande d'adhésion de la Grande-Bretagne au Marché commun. John Kennedy ayant poussé M. Macmillan, l'épée dans les reins, à la formuler, le général de Gaulle y vit une tentative pour faire entrer en Europe un « cheval de Troie » américain. Aujourd'hui, tout le monde paraît admettre que sans l'Angleterre, l'Europe ne saurait faire le poids face aux Super-Grands. C'est bien parce que l'ancien président de la République avait fini par s'en convaincre qu'il a fait les ouvertures que M. Wilson a malheureusement rejetées. M. Pompidou et M. Poher se déclarent partisans de reprendre l'examen de la question. Dès lors qu'on acceptera de négocier, au lieu de prononcer des veto et des condamnations, on trouvera sur le continent des partenaires plus facilement disposés à admettre que la candidature britannique soulève toutes sortes de problèmes qui ne sauraient être résolus en un jour.

[...]

Un autre problème, sur lequel les deux principaux candidats sont restés jusqu'à présent d'un parfait mutisme, bien qu'il engage au plus haut point l'avenir national, est celui de la force de dissuasion. Il a déjà fallu, *de Gaulle regnante*, se résoudre à en étaler la réalisation et à renoncer à la stratégie « tous azimuts » chère au général Ailleret. On voit mal un gouvernement, quel qu'il soit, jeter demain à la mer un instrument dont la réalisation a coûté si cher. Mais donner à cet instrument l'efficacité indispensable à sa crédibilité, le maintenir en état de service, l'adapter à un incessant progrès technique, exige un effort financier énorme, difficilement compatible avec la volonté d'économies proclamée de part et d'autre. La Grande-Bretagne faisant face à des problèmes analogues, l'idée ne s'imposera-t-elle pas tôt ou tard que le meilleur usage que nos deux pays pourraient faire de leurs forces stratégiques serait de les mettre dans la corbeille de leurs noces européennes ?

Il va de soi qu'une telle décision suppose au départ un minimum d'harmonisation des politiques étrangères, puisque l'arme nucléaire a pour but essentiel de les appuyer, même si son emploi relève d'une circonstance hautement improbable. Mais le temps n'est plus où Paris et Londres pouvaient croire que l'intérêt national les obligeait, en Afrique, au Levant, en Asie, à poursuivre sous une autre forme la guerre de Cent Ans. Le temps est révolu où l'Angleterre pouvait rêver d'être l'Athènes de l'empire américain, et la France de le défier toute seule. Ou bien demain nos deux pays agiront partout en commun, ou bien ils verront leur influence décroître de jour en jour, non seulement au profit des Super-Grands mais de l'Allemagne, ce qui ne pourrait qu'aider au rebondissement de la crise de civilisation qui a failli emporter la société.

Cette crise remonte à un an. À entendre certains propos d'une campagne électorale qui, bien qu'elle en soit la conséquence directe, nous ramène quinze ans en arrière, on croirait qu'il ne s'est agi que d'une simple péripétie, déjà presque oubliée. L'agitation qui règne dans nos lycées devrait pourtant suffire à nous convaincre que les causes de la révolte subsistent.

Pour les candidats à la présidence de la République, il ne devrait pas y avoir de préoccupation plus importante que d'y trouver remède. Une prise de position nette de leur part sur le rôle et la place de la France dans l'Europe et dans le monde n'apporterait certes pas une réponse à tout. Mais, à moins de se résigner à disparaître, la France se doit de proposer à sa jeunesse un but, une ambition : à condition de ne pas renier pour autant mille ans d'histoire, la construction d'un ensemble politique et économique à la taille du monde présent qui chercherait en toute indépendance à porter remède à l'antagonisme des blocs, à l'inégalité du développement, à la contradiction permanente des prétendus intérêts nationaux n'est-elle pas plus exaltante dans cette perspective qu'un repli nostalgique et hargneux sur l'Hexagone ?

André FONTAINE, mai 1969

Les résultats

Au lendemain du 1er tour, trois constats s'imposent :
L'électorat s'est moins mobilisé qu'en 1965, 22,41 % d'abstention contre 15,25 % quatre ans auparavant.
Georges Pompidou s'impose largement.
Alain Poher est suivi de près par Jacques Duclos (460 000 voix d'écart).
La gauche non communiste n'a pas cru en Gaston Defferre malgré la présence de Pierre Mendès France à ses côtés.
Deux candidats restent en lice : Georges Pompidou et Alain Poher. La gauche est spectatrice.

Le premier tour

	MÉTROPOLE			DÉPART. D'OUTRE-MER			TERR. D'OUTRE-MER			TOTAL		
	Voix obtenues	% Suffr. exprimés	% Inscrits	Voix obtenues	% Suffr. exprimés	% Inscrits	Voix obtenues	% Suffr. exprimés	% Inscrits	Voix obtenues	% Suffr. exprimés	% Inscrits
Inscrits	28 774 041			482 532			256 788			29 513 361		
Votants	22 492 059			221 461			185 514			22 899 034		
Abstentions	6 281 982	(21,83 %)		261 071	(54,10 %)		71 274	(27,75 %)		6 614 327	(22,41 %)	
Blancs ou nuls	287 372	(0,99 %)		6 588	(1,36 %)		1 076	(0,41 %)		295 036	(0,99 %)	
Suffrages exprimés	22 204 687	(77,16 %)		214 873	(44,53 %)		184 438	(71,82 %)		22 603 998	(76,58 %)	
POMPIDOU	9 761 297	43,96	33,92	160 960	74,90	33,35	129 559	70,24	50,45	10 051 816	44,46	34,05
POHER	5 201 133	23,42	18,07	17 409	8,10	3,60	50 109	27,16	19,51	5 268 651	23,30	17,85
DUCLOS	4 779 539	21,52	16,61	27 794	12,93	5,76	952	0,51	0,37	4 808 285	21,27	16,29
DEFFERRE	1 127 733	5,07	3,91	3 958	1,84	0,82	1 531	0,83	0,59	1 133 222	5,01	3,83
ROCARD	814 051	3,66	2,82	1 560	0,72	0,32	860	0,46	0,33	816 471	3,61	2,76
DUCATEL	284 697	1,28	0,98	1 207	0,56	0,25	543	0,29	0,21	286 447	1,26	0,97
KRIVINE	236 237	1,06	0,82	1 985	0,92	0,41	884	0,47	0,34	239 106	1,05	0,81

Le second tour

	MÉTROPOLE			DÉPART. D'OUTRE-MER			TERR. D'OUTRE-MER			TOTAL		
	Voix obtenues	% Suffr. exprimés	% Inscrits	Voix obtenues	% Suffr. exprimés	% Inscrits	Voix obtenues	% Suffr. exprimés	% Inscrits	Voix obtenues	% Suffr. exprimés	% Inscrits
Inscrits	28 761 494			481 883			256 957			29 500 334		
Votants	19 854 087			250 039			207 161			20 311 287		
Abstentions	8 907 407	(30,96 %)		231 844	(48,11 %)		49 796	(19,37 %)		9 189 047	(31,14 %)	
Blancs ou nuls	1 295 216	(4,50 %)		7 656	(1,58 %)		926	(0,36 %)		1 303 798	(4,41 %)	
Suffrages exprimés	18 558 871	(64,52 %)		242 383	(50,29 %)		206 235	(80,26 %)		19 007 489	(64,43 %)	
POMPIDOU	10 688 183	57,59	37,16	212 449	87,65	44,08	163 739	79,39	63,72	11 064 371	58,21	37,50
POHER	7 870 688	42,40	27,36	29 934	12,34	6,21	42 496	20,60	16,53	7 943 118	41,78	26,92

Les leçons du scrutin :
24 septembre, élections présidentielles

M. Georges Pompidou ou l'art de réussir

Considérons-le avec attention, ce président que viennent de se donner les Français, le premier qu'ils aient élu vraiment selon cette procédure, si l'on admet qu'en 1848 Louis Napoléon et en 1965 Charles de Gaulle obtinrent plutôt la ratification d'une «légitimité» d'essence différente. Mais en 1848, le président n'était élu que pour quatre ans, et non rééligible. Nos législateurs de 1962 ont été moins prudents. Sept ans d'un mandat renouvelable, c'est long.

De l'homme qui entre à l'Élysée va dépendre pour beaucoup notre vie publique, et peut-être davantage. Depuis sept ans, il a pris une part très active à la décision politique sans que l'on sache à coup sûr s'il est plutôt l'homme des «pouvoirs spéciaux» ou l'habile négociateur de Grenelle. Depuis six semaines, il n'est pas de jour qu'il ne nous parle, nous presse, nous adresse, à travers l'écran, promesses et sommations. Et si grand soit l'art qu'il met à voiler tout ce qui n'est pas son personnage officiel, il faut bien tenter de lire en lui ce qu'un demi-siècle de vie, sept ans de pouvoir et un mois de campagne nous font présager.

Il nous fait face sur nos écrans, sur les murs de nos villes. Partout. Regardons-le. Un œil plus ouvert que l'autre, souvent plissé par la fumée, l'ironie ou l'attention, l'un plus bleu, l'autre plus gris; le regard, sous les sourcils charbonneux, taillis pour une guérilla permanente, semble fait pour le guet, l'attente et la parade. L'ironie peut s'y inscrire, ou la gaieté. Mais nul ne remet mieux en mémoire ce proverbe persan : «Prends garde à l'homme dont le visage ne s'éclaire pas dans le sourire.» Regard de sentinelle ou d'examinateur, de conseil d'administration et de contre-expertise. Regard tapi, pétri d'attention désinvolte et de repli furtif – et qui fera peut-être regretter les flottements glauques de l'hôte précédent de l'Élysée.

Le Midi l'emporte...

Le bas du visage est tout autre. Dessiné pour la facilité, le goût de vivre, l'hédonisme d'un épicurien du siècle de Louis XV qui aurait fait sa vie entre le Parlement de Bordeaux et l'Académie des jeux floraux de Toulouse et dont les séjours à Paris n'auraient pas eu seulement pour objet des entretiens avec d'Alembert. Avec, par le haut, l'aptitude à guetter et, par en bas, l'appétit de vivre, voilà un visage qui n'en dit peut-être pas long sur une politique, mais beaucoup sur un personnage.

Du général de Gaulle, les historiens et les sociologues disent parfois qu'il est peu représentatif du peuple qu'il semblait avoir rencontré comme jadis ces princes appelés par les hasards des alliances et des mariages à gouverner les royaumes. Le plus illustre des Français est aussi le plus singulier. De Georges Pompidou, on ne saurait dire autant. Sur ses traits, dans son parler et son comportement s'inscrivent tant de traditions et de coutumes qu'on le croirait dessiné par l'illustrateur d'une encyclopédie française. Moins généreux que son prédécesseur pour l'historien des idées, mais plus riche, à coup sûr, pour le sociologue et l'historien des mœurs. Qu'on agrémente ce visage d'une perruque poudrée, de favoris, d'une courte barbe, on retrouve un moment de la vie publique française, compagnons du Vert-Galant, fermiers généraux du Languedoc, parlementaires louis-philippards, familiers de M. Thiers, ministres de Napoléon III, républicains à poigne dans le style de Constans.

Dans tout cela, bien sûr, le Midi l'emporte – au point qu'au sud de la Loire, l'avènement du député du Cantal serait présenté, pour un peu, comme la grande revanche des cathares sur les barons du Nord. Depuis la fin de la république radicale, les Méridionaux s'étiolaient si loin du pouvoir : Pétain et de Gaulle, Pleven et Schuman, Mollet et Pflimlin, Laniel et Bidault, tous venaient d'au-delà de la frontière des tuiles romaines et du droit écrit.

L'élu du 15 juin a, dans l'accent que voile le velours sombre de la voix de gorge, des sonorités qui ne trompent pas, une façon de dire « rose » et « côte » que vingt ans de Conseil d'État, de banque, de cabinet ministériel, de Matignon et d'Élysée n'effaceront pas. Dans les intonations cuivrées, dans le phrasé de baryton, dans une certaine façon de porter les effets, de draper les péroraisons, il y a une odeur de garbure et de piperade, de vin de Cahors et d'Armagnac.

Observons en outre que ce Midi-là n'est pas tout à fait celui de Gaston Doumergue et de Vincent Auriol : le Cantal parle en rocaille chantante ; mais la tradition des politiciens auvergnats n'est pas, en France, celle de la bienveillance. Sans se laisser entraîner à d'imprudents parallèles, on peut rappeler que c'est de par là que vinrent les personnages les plus significatifs des deux derniers régimes autoritaires qu'a connus la France, Eugène Rouher et Pierre Laval.

Balzac ou Jules Romains ?

Un homme, pourtant, n'est pas ce que révèle malgré lui son visage, ni ce que font croire ses origines ni ce que donne à rêver son accent ou le son de sa voix. Il est ce qu'il fait. Et c'est là ce qui nous intéresse chez Georges Pompidou. Un président peut être fort différent de ce qu'il fut, candidat ou même Premier ministre. Les « grâces d'État », ce phénomène de « potestatisation » de la personne, peuvent jouer dès lors qu'il est investi du pouvoir suprême, et notamment chez cet homme public qui « s'est fait sous nos yeux ». Mais le parcours qu'il a accompli vers le sommet, et la façon dont il l'a accompli, les moyens qu'il a choisis, les alliés qu'il a voulus, les appuis qu'il a obtenus doivent nous en dire long.

Comment un homme devient-il chef de l'État, président effectif, représentant de cinquante millions de Français ? Que faut-il pour suivre cette route et s'élever si haut ? Le précédent de Georges Pompidou ne servira pas tout à fait de leçon. Car autant la première partie de cette carrière est exemplaire, chaudement conforme aux traités de morale républicaine, autant la seconde partie emprunte à la littérature de l'improbable, aux hasards de la route et à la faveur d'un grand homme. Parti comme du temps de Jules Grévy, il parvient comme du temps du Roi-Soleil.

Au départ, nous sommes en pleine imagerie d'Épinal, et de bonne qualité. Une famille de paysans auvergnats, un père et une mère instituteurs – lui grand blessé de guerre –, des études qui vont d'un premier prix au Concours général à l'entrée à l'École normale et à l'agrégation de lettres. Professeur à Saint-Charles de Marseille, puis à Louis-le-Grand. Voilà comment, sous la IIIᵉ République, naissait un ministre, voire un président.

Décrivant la carrière de Georges Pompidou, on a parlé de Balzac (et M. Louis Vallon, que l'indulgence n'aveugle pas, de César Birotteau). Mais Balzac ne rend pas compte de cet univers des khâgnes et d'un « mérite » qui s'acquiert à coups de diplômes et déborde de certitudes sociales. C'est plutôt du côté de Jules Romains qu'il faut regarder. Jallez ou Jerphanion ? Qu'importe. C'est là le climat, celui de carrières heureuses au carrefour de l'Université, des beaux-arts et du pouvoir.

Mais cela suppose, au temps des « Copains » comme au nôtre, une certaine ambition et quelque goût pour la vie politique. Rien de tel n'apparaît chez Georges Pompidou jusqu'en 1944, sinon quelque inclination pour un socialisme qu'il tient

48

de Robert Verdier et qu'il a infusé à Léopold Senghor, son compagnon d'école. On lui voit aussi, pendant la guerre, un penchant raisonnable à écouter la radio de Londres. C'est son métier alors qui l'intéresse, le professorat, la littérature. Mais pas au point de le pousser à rédiger vraiment sa thèse sur Barbey d'Aurevilly, pas au point de faire en lui, de la poésie, une rivale tenace de la vie d'abord, et ensuite des grands emplois.

Pensons à ce que fut et resta la littérature pour des hommes comme Édouard Herriot et Louis Barthou. Chez Georges Pompidou, homme public, elle semble avoir pris peu à peu la forme d'une nostalgie discrète ; il lui est arrivé d'en traiter à la fin d'avril à l'attention du public des Comédiens-Français : « *On confond volontiers la politique avec le réalisme quand ce n'est pas avec la bassesse, cependant que la poésie paraît du domaine du rêve et en tout cas de l'idéal. D'ailleurs, les poètes qui se sont risqués dans la politique y ont rarement réussi, que ce soit Lamartine ou même Hugo, ou encore Chateaubriand. Les uns comme les autres ont été condamnés très vite à se trouver dans l'opposition, ce qui, en politique, est le signe de l'échec.* » Qui a « réussi », de ces faiseurs d'espoir ou de tant de chefs d'État ?

Bref, Georges Pompidou est saisi par la politique ce jour de septembre 1944 où un membre de cabinet du général de Gaulle cherche « *un agrégé sachant écrire* ». Entrer dans la vie publique par la voie d'un cabinet ministériel, pourquoi pas ? Ce fut le destin de Georges Mandel qui, avant d'être le seul député du Médoc qui affirma n'avoir jamais bu une goutte de vin, avait été l'inamovible chef de cabinet de Clemenceau. Mais qui aurait jamais pensé à lui confier le moindre sous-secrétariat d'État avant qu'il fût élu par une fraction quelconque du peuple français ? Qui aurait osé ? Pas même Clemenceau, dont on ne peut pas dire qu'il fut un dévot en matière de formalisme démocratique.

La clé d'une carrière

Pour Georges Pompidou, les choses allèrent autrement. Six mois à la direction du cabinet du général de Gaulle, président du Conseil, deux missions auprès du FLN algérien en Suisse, un portefeuille des finances refusé – et le voilà Premier ministre. Mais ce n'est rien encore. Il n'est pas plutôt renversé par l'Assemblée qu'il se retrouve derechef premier. Ni Louvois, ni Polignac, ni le comte Molé n'ont connu plus foudroyante fortune. Dès lors, le pli est pris. Et quand la faveur du grand homme se retire de lui, il trouve, pour le ressusciter, la faveur populaire. Le chef d'un des plus durables gouvernements que la France ait connus voit, à la fin de mai 1968, s'achever son consulat dans l'abaissement de l'État. Qu'importe : les élections qui suivent lui valent le plus grand triomphe électoral remporté dans ce pays par un chef de parti, la majorité dont ont rêvé tous les leaders républicains.

Faut-il voir là une clé de cette carrière que le mérite, si éclatant qu'il fût, ne suffit pas à expliquer tout à fait ? Napoléon assurait qu'il ne voulait pour maréchaux que des hommes heureux. Est-ce cela qui a dirigé sur Georges Pompidou le regard de Charles de Gaulle, avant celui des électeurs français ? Est-ce cette aptitude à l'emporter « sans vraiment se fatiguer », pour reprendre le titre d'une comédie musicale que le Général aurait peu goûtée ? Peut-être faut-il voir dans le nouveau chef de l'État un symbole, une enseigne, celle de l'art de réussir. Rien qu'à le regarder, des millions de Français se croient déjà ministres. On voit bien là ce qui a séduit les électeurs. Mais le Général ?

De quelque façon qu'elle évolue, cette alliance entre deux des hommes les plus différents qu'ait produits depuis longtemps la société politique française restera l'une des énigmes de ce temps. « Napoléon et Berthier » dit André Malraux. C'est faire peu de cas de la vigoureuse personnalité de Georges Pompidou que de l'assimiler à celle, plutôt falote, du prince de Neuchâtel. Au surplus, on ne voit pas que l'empereur ait choisi pour dauphin son chef d'état-major. À vrai dire, le problème consiste plutôt à rechercher en quoi le gaullisme inspirera encore le régime qui s'ouvre aujourd'hui.

De vrais gaullistes comme Edmond Michelet et Maurice Schuman se portent garants de la continuité. « *Pompidou ? Une citadelle de la fidélité* », assure l'ancien garde des Sceaux, paraphrasant Péguy. (Une citadelle d'où l'on tenta, vers Rome et Genève, d'audacieuses sorties.) D'autres ont découvert, dans le regard bleu du nouveau chef de l'État, la noire flamme d'une passion pour l'État et la nation que nul ne saurait manquer d'éprouver, ayant travaillé si longtemps dans l'ombre de Charles de Gaulle. D'autres encore, en cette année du bicentenaire, voient derrière Bonaparte percer un consulat musclé.

Revenons à André Malraux, bonne référence pour ce qui touche à Charles de Gaulle aussi bien qu'à Georges Pompidou. « *La V* République, ce n'est pas la IV*, plus le général de Gaulle.* » La question se pose de savoir si elle sera désormais la IIIe, plus la IVe, plus M. Pompidou. Ce ne serait pas une des moindres originalités du gaullisme que de s'accomplir en un homme dont le style évoque assez peu celui des compagnons de Londres et de Koufra. Cette confrérie, qui n'était qu'audaces et surprises, à l'image du personnage singulier qui lui donna vie, la voilà assumée par un homme en qui confluent près d'un siècle de courants de la vie publique française, le radicalisme méridional, les amitiés normaliennes, les interférences entre la banque et la politique. Retour au quotidien ?

Marx assurait que l'histoire ne se recommence que sous forme de comédie. On ne le prendra pas ici pour référence. Mais ce serait, pour un professeur de lettres, un beau sujet de dissertation à donner aux candidats bacheliers que celui-ci : refaites *La Chanson de Roland* dans le style du *Roman de Renart*.

Jean LACOUTURE, 12 juin 1969

Une présidence à l'ombre d'un général

Le boursier du lycée d'Albi, l'étudiant socialiste de Normale supérieure, le petit professeur, le conseiller occulte est parvenu au terme de son cheminement. Il succède à l'homme qui avait si souvent proclamé qu'il n'aurait pas de successeur. Après avoir été pendant six ans le second, puis renvoyé soudain onze mois plus tôt à son obscurité, le voici enfin le premier en France. Mais il n'est pas, pas encore, le premier des Français.

Le premier des Français, en effet, a voté d'Irlande par procuration, mais il n'a dit mot. Rentré à Colombey, il se mure dans le silence. À l'Élysée, le pouvoir légal ; à la Boisserie, le pouvoir moral.

L'exercice de l'un se ressent de l'existence de l'autre, et il en sera ainsi jusqu'à ce que, au soir du 9 novembre 1970, le chêne tombe soudain foudroyé.

C'est pourquoi dans les dix-sept mois qui séparent son élection de la mort du général de Gaulle, le président de la République semble contenu, un peu effacé, comme intimidé. Il gouverne peu et arbitre moins encore. Ce n'est pas sur lui, sur l'Élysée que sont braqués les projecteurs : c'est sur son Premier ministre, Jacques Chaban-Delmas, sur l'hôtel Matignon où une équipe brillante multiplie les grands projets, les initiatives, les ambitions dont la moindre n'est pas celle d'édifier une « nouvelle société », d'améliorer la « qualité de la vie ».

Le choix de Jacques Chaban-Delmas, la rentrée de Valéry Giscard d'Estaing, le ralliement de Jacques Duhamel, de René Pleven et des centristes, avaient illustré avec éclat la promesse de renouvellement dans la continuité. Au début, le président et le Premier ministre marchent la main dans la main : ensemble, ils assument la dévaluation du mois d'août, le plan de redressement de la rentrée. Les premiers craquements se font entendre à l'automne : le président semble déçu, voire irrité, de la lenteur de son second. Mais au cours de l'hiver 1969-1970 ces divergences s'atténuent devant les premiers succès du plan de redressement, de la politique contractuelle. Au surplus, Jacques Chaban-Delmas ne manque-t-il pas de proclamer devant l'Assemblée qui lui donne sa confiance par 369 voix contre 85 que « *l'homme prééminent est à l'Élysée* ».

[...] Mais au lendemain de la mort de son ancien chef, Georges Pompidou monte en première ligne. Il se sent, cette fois, les mains vraiment libres. Il va décisivement appesantir son emprise, accentuer rapidement le dessaisissement du Premier ministre et du gouvernement, affirmer en tout sa propre autorité, sa primauté absolue. À plusieurs reprises, et en particulier au cours d'une conférence de presse (23 septembre 1971), le chef de l'État oppose la majorité parlementaire, qui peut fluctuer, et la majorité présidentielle, qu'il veut seule connaître, distinction qui suscitera d'amples commentaires.

Cette année 1971 voit fleurir ce qu'on nomme les « scandales » : diverses affaires financières et immobilières douteuses et d'autres qui ne le sont même pas tant elles sentent mauvais. À vrai dire, les hommes directement mis en cause ou compromis sont de rang assez médiocre dans le compagnonnage et le système : un député, deux ou trois membres de cabinets ministériels, quelques animateurs de groupuscules gaullistes et aucun de ceux qui sont éclaboussés n'occupe de fonctions réellement importantes dans l'État.

Le climat est sérieusement affecté, l'amalgame aidant, par toutes ces péripéties. Aussi la publication par *Le Canard enchaîné*, au début de janvier 1972, de la feuille d'impôts du Premier ministre (usant habilement de l'avoir fiscal, il a réussi à échapper en partie au fisc) atteint-elle de plein fouet Jacques Chaban-Delmas.

Une diplomatie personnelle

Son sort est, dès lors, scellé. Le président de la République, qui a décidément repris les leviers de commande, est préoccupé par l'approche des élections législatives. La majorité écrasante de juin 1968 ne saurait se perpétuer. Il décide un référendum dont le thème surprend : l'admission de la Grande-Bretagne dans la Communauté européenne. Diviser l'opposition en contraignant les « Européens » à se démarquer des communistes, rassembler et élargir la majorité, c'est, dit-on, « bien joué ». Si la partie est gagnée, les élections législatives pourront avoir lieu « dans la foulée », à la faveur des nouvelles solidarités et des nouveaux clivages apparus sur le thème de l'Europe.

La campagne, morne et mal conduite, ne mord pas sur l'opinion. Certes, communistes et socialistes ne donnent pas la même réponse à la question posée, les premiers optent pour le « non » et les seconds recommandent le refus de vote. Pourtant, au soir du 23 avril 1972, il apparaît que la bataille du référendum, si elle est gagnée au plan formel puisqu'on dénombre une majorité de « oui », est perdue comme manœuvre stratégique. Deux électeurs inscrits sur cinq ont choisi d'aller à la pêche, près d'un sur cinq de glisser dans l'urne un bulletin portant le mot « non » et moins de deux sur cinq seulement ont voté « oui ». Avec près de 40 % d'abstentions et près de 7 % de bulletins blancs ou nuls, chiffres jamais atteints dans une consultation à l'échelle nationale, les Français ont moins répondu « oui à Pompidou » qu'ils n'ont manifesté leur indifférence à sa personne, à sa politique, à son initiative. C'est le premier grand échec du président.

Le Premier ministre, rendu responsable de l'échec de l'opération, dont il n'a été que l'exécutant docile, insiste pour être autorisé à engager la responsabilité de son gouvernement devant l'Assemblée.

Jacques Chaban-Delmas obtient le 23 mai la confiance des députés par 368 voix contre 96. Il n'en est pas moins, six semaines plus tard, prié de se retirer.

C'est un gaulliste de bon aloi, intègre et froid, qui lui succède le 5 juillet. Pierre Messmer ne se souciera pas, lui, d'obtenir l'approbation des députés puisqu'il ne se présentera devant l'Assemblée que trois mois après sa nomination, à la rentrée d'octobre. Le « retour aux sources » gaulliennes du régime se manifeste sous différentes formes, dans le vocabulaire, le choix des hommes, le réveil des mythes.

Du côté de l'opposition aussi, on s'organise et se mobilise : un accord sur le «programme commun de gouvernement» des deux formations a été conclu le 27 juin.

Dans le pays on manifeste pour la défense de l'environnement, contre l'agrandissement du camp militaire du Larzac, pour la libéralisation de l'avortement, contre le racisme, plus ardemment encore que, pour ou contre l'UDR et l'union de la gauche. La contestation, essoufflée, semble parfois renaître dans la jeunesse, chez les lycéens en particulier. Mais de tout cela, le président n'a cure : l'ordre prime tout, il doit être maintenu, et voilà.

À grand renfort de visites d'État, de voyages privés et de consultations réciproques, il a noué des liens personnels avec ses homologues étrangers, les chefs d'État et de gouvernement. Il s'entend bien avec Edward Heath et Leonid Brejnev, moins aisément avec le chancelier Willy Brandt et le président Richard Nixon. Il ne croit pas à la construction européenne, pas plus d'ailleurs qu'à la paix mondiale, mais il semble jouer le jeu et, à l'automne 1972, il s'efforce de se placer au centre des débats d'ailleurs décevants de la conférence au sommet des Neuf réunie à Paris. En 1973, c'est plutôt la diplomatie planétaire qui l'occupe, à travers maintes rencontres avec ses quatre grands interlocuteurs et quelques personnages de moindre importance, cette année-là aussi, il réalise une vieille ambition de son prédécesseur en visitant la Chine et en rencontrant Mao.

Peut-on dire que sa politique extérieure demeure gaulliste ? La réponse est plutôt négative en ce qui concerne l'Europe, douteuse pour ce qui concerne la détente avec l'Est et plutôt positive sur tous les autres terrains, y compris et surtout le Proche-Orient. De toute façon, la France n'a pas de politique extérieure : c'est Georges Pompidou et lui seul qui, dans ce domaine, met en œuvre une pratique toute personnelle.

Sans vergogne, il intervient dans la campagne électorale de février-mars 1973, grossit les éléments du choix qui, à l'entendre, serait entre le totalitarisme et la misère d'une part, la liberté, le progrès, le bonheur d'autre part, entre la république populaire et la démocratie. Il orchestre la campagne de la majorité, réveille les ministres, secoue les candidats, cogne de toutes ses forces sur l'opposition avec des ahans de bûcheron. Et il gagne. Effacé le demi-échec du référendum, évanouies les craintes d'une accession de la gauche au pouvoir, dissipés les nuages qui obscurcissaient l'avenir de la majorité : avec quarante sièges de plus qu'une opposition certes considérablement renforcée, l'UDR et ses alliés giscardiens et centristes conservent une marge suffisante pour gouverner.

La maladie

Cette belle vigueur du président de la République, ce succès obtenu à l'arraché, cette détermination nouvelle seront cependant sans lendemain. Car l'homme est déjà atteint, miné par les soucis que lui donne sa santé. Lorsqu'il était souffrant, au cours de l'hiver 1972-1973, on parlait à l'Élysée de grippes à rechutes. Au printemps, on le trouvait mal à l'aise, grossi, gonflé eût-on dit. Mais quand il apparaît à la télévision, le 31 mai 1973, face à un Richard Nixon alerte et souple qu'il rencontre à Reykjavik, quinze ou vingt millions de Français sont stupéfaits de l'empâtement de sa silhouette, de la bouffissure de ses traits, de sa démarche lourde et hésitante, de son évidente lassitude et même de sa difficulté à s'exprimer.

Dès lors, c'est dans un climat de fin de règne que va se dérouler le dernier épisode de cette étonnante carrière. Il a engagé dès juin 1973, avec une résolution et une vigueur sans égales, une opération délicate et sérieuse : la révision de la Constitution pour le raccourcissement de sept à cinq ans du mandat présidentiel.

Ayant choisi la voie parlementaire pour appliquer la réforme, il obtient les premiers votes dans des conditions telles que l'échec, au congrès du Parlement, semble probable. Sans barguigner, il retire et met sous le boisseau le projet déclaré la veille encore extrêmement urgent et fondamental. C'est son second échec après l'insuccès du référendum d'avril 1972 et, cette fois, le dogme gaullien de l'infaillibilité présidentielle est sérieusement mis à mal.

Un homme malade, irritable : ainsi apparaît-t-il de plus en plus au regard du pays, car la classe politique sait, elle, à quoi s'en tenir et s'agite déjà à la recherche de son successeur.

Pierre VIANSSON-PONTÉ, 4 avril 1974

III

1974 :

LA FIN DU GAULLISME INSTITUTIONNEL

Deuxième président de la République élu au suffrage universel, Georges Pompidou, comme son prédécesseur, ne terminera pas son septennat. Le 2 avril 1974, un communiqué du Palais de l'Élysée annonce son décès. Le 3, le Conseil constitutionnel constate la vacance de la fonction présidentielle et confie, une nouvelle fois, l'intérim au président du Sénat, Alain Poher.

Au sein de la majorité gaulliste, une agitation se fait très vite sentir. Le jour de l'inhumation de Georges Pompidou, Jacques Chaban-Delmas, député de Gironde et ancien Premier ministre du président défunt, fait acte de candidature et soulève immédiatement des fortes oppositions, dont celle de Jacques Chirac.

Certains dirigeants gaullistes tentent de mettre en avant Pierre Messmer, tandis qu'Edgar Faure, président de l'Assemblée nationale, se voit déjà candidat d'ouverture. Jean Royer, maire de Tours et ancien ministre du Commerce, annonce également sa candidature au nom de la défense des valeurs morales, de la famille et de la petite entreprise tandis que Jean-Marie Le Pen fait son entrée en scène.

Valéry Giscard d'Estaing attendra quelques jours. De la petite mairie de Chamalières dans le Puy-de-Dôme, il annonce sa candidature sur le thème « la France a besoin d'une majorité élargie ».

À gauche, un homme s'impose : François Mitterrand. La rénovation du Parti socialiste est achevée, un programme commun a été signé avec le Parti communiste (1972) et les élections législatives de 1973 ont renforcé les positions des partisans de la gauche unie. Le PSU se rallie.

En marge des candidats de l'extrême gauche, Arlette Laguiller et Alain Krivine, un candidat se présente au nom de la défense de l'écologie : René Dumont.

Le 18 avril, le Conseil constitutionnel dresse la liste définitive des candidats. Ils sont douze.

Le président et les partis

Est-ce la fin du gaullisme institutionnel ? Toutes les hypothèses vraisemblables aboutissent à la même réponse : oui, mais la transformation sera limitée.

De 1959 à 1973, il y a eu accentuation plus encore que continuité de la domination présidentielle. D'emblée, le Premier ministre est choisi non en fonction de la majorité parlementaire, mais en fonction d'options politiques du chef de l'État. Mais la formule est encore : « *M. Debré a soumis à l'approbation du général de Gaulle ses conceptions en ce qui concerne la politique générale. Le président de la République a nommé Premier ministre M. Michel Debré.* » En décembre 1972, M. Messmer déclarera à la télévision : « *Après les élections* […] *le président de la République nommera un nouveau Premier ministre, moi ou un autre, qui constituera un nouveau gouvernement. Ce nouveau gouvernement sera formé en fonction de la politique du président de la République et de celle qu'il voudra mener à ce moment-là et non pas en fonction de telle ou telle combinaison électorale...* »

Entre-temps, il y aura, en 1970, l'apostrophe de M. Jacques Chaban-Delmas à son principal adversaire : « *Que serait ce Premier ministre, nommé par le président de la République pour diriger le gouvernement dans le sens des orientations définies par ledit président – que serait ce Premier ministre qui s'accrocherait à son poste, qui se dresserait contre le chef de l'État ? Ah ! monsieur Mitterrand, ce serait un triste sire !* »

D'où venait que, sous les deux premiers présidents, il ait paru presque inimaginable que le Premier ministre, constitutionnellement responsable devant l'Assemblée nationale mais non révocable par le président, ait jamais la tentation de s'appuyer sur la majorité pour affirmer une volonté propre face au président ?

Une explication essentielle tient à la nature de l'UNR devenue UDR. Dans d'autres pays aussi, le grand parti gouvernemental consacre l'essentiel de son énergie à soutenir le chef réel de l'exécutif. Mais l'UNR-UDR est le seul parti occidental créé avec l'unique vocation de garantir au président qu'il peut œuvrer dans la tranquillité puisque le groupe parlementaire veillera au respect de sa volonté.

Pour éviter tout risque, le général de Gaulle, et plus encore M. Pompidou, a constamment empêché le parti de se donner un chef. Ce ne pouvait être le président de la République, puisqu'il se voulait personnage national et non partisan. Ce ne pouvait être un autre, puisque celui-ci aurait eu la tentation d'avoir une volonté politique propre. Donc il fallait tout au plus un secrétaire général sans pouvoirs.

Or, quelle que soit l'issue de l'élection de mai, cette situation de dépossession des partis et du Parlement va se modifier. La modification minimale se produira si l'élu est M. Jacques Chaban-Delmas, car l'UDR n'aura pas besoin de partir à la recherche d'une structure et d'une vocation nouvelles. Mais les autres groupes de l'actuelle majorité risquent d'être moins soumis, en particulier les amis de M. Giscard d'Estaing. L'UDR elle-même, risquant une plus grande solitude et plus exposée aux tiraillements internes, aura alors besoin d'une organisation plus ferme.

Si M. Giscard d'Estaing l'emporte, il ne sera pas un président conforme au canon UNR-UDR, et celle-ci sera conduite à se doter d'une direction propre à devenir un vrai parti, même si elle continue à accepter la domination institutionnelle du président.

Élu président, M. Mitterrand se trouverait dans l'obligation de dissoudre l'actuelle Assemblée. Laissons l'hypothèse d'élections législatives marquant une défaite de la gauche, défaite qui entraînerait soit une crise constitutionnelle, soit la démission du président. Supposons que la gauche l'emporte. Dans la foulée des présidentielles, cette victoire serait celle du président, ce qui se sera traduit, sauf cas hautement improbable de candidatures uniques au premier tour, par une nette montée du Parti socialiste, devenu le parti de la confirmation du vote présidentiel.

Ce phénomène freinerait considérablement le déclin du pouvoir du président, déclin auquel contribuera, en revanche, la tension institutionnelle inévitable entre l'Élysée et le Parti communiste : celui-ci voudra, conformément à sa doctrine et à son intérêt légitime, donner un maximum de moyens de décision à tel ou tel organisme de liaison ou de coordination entre les partis de la majorité, que ce soit au niveau des groupes parlementaires ou des comités directeurs.

Examiner de telles hypothèses ne constitue nullement un jeu gratuit. On voit mieux ainsi, d'une part, qu'un nouvel équilibre des rapports entre le président et les partis est probable ; d'autre part, que, sauf crise extra-institutionnelle grave, il y aura, quel que soit le vainqueur, une transformation beaucoup plus limitée du système de la V République qu'on ne le dit souvent. Les institutions ne devraient donc pas se trouver au centre de la campagne électorale, sauf s'il y avait dramatisation sur des hypothèses invraisemblables destinées à effrayer l'électeur.

Alfred GROSSER, 11 avril 1974

Portraits de candidats

M. Jacques Chaban-Delmas, l'intuition comme politique

Ah! l'heureux homme : toujours jeune, toujours bondissant, toujours séduisant. Nous allons le revoir, montant les escaliers quatre à quatre avec ce qu'il faut de désinvolture, de simplicité et de gravité, selon la situation. Nous allons le reconnaître, avec son sourire avenant, cette curieuse façon d'ouvrir les bras, comme pour embrasser le monde entier, son froncement de sourcils et son hochement de tête qui expriment le sérieux et la responsabilité. Mais allons-nous, enfin, le connaître? C'est une autre affaire.

La vie de Jacques Chaban-Delmas, si bien remplie soit-elle, ne nous en apprend pas plus sur lui qu'un film d'aventures ou une bande dessinée ne nous renseignent sur la psychologie profonde de leurs héros. Les portraits abondent, mais ils sont partiels – le sportif, le résistant, le politique – ou vagues – le Florentin, le Rastignac. Beaucoup de clichés et, au mieux, des instantanés en situation.

Selon l'album de famille, Jacques Chaban-Delmas est né Jacques-Pierre-Michel Delmas, à Paris le 7 mars 1915, il a fait ses études au lycée Lakanal, à Sceaux, puis à la faculté de droit de Paris. Diplômé de l'École libre des sciences politiques, licencié en droit, diplômé d'études supérieures d'économie politique et de droit public. L'étudiant entrera tôt dans la vie active, comme on dit, puisque à 18 ans il fera ses débuts de journaliste économique à *L'Information*.

[...]

Dans la politique il faut une part de travail, une part de talent et un peu de chance. Jacques Chaban-Delmas en a beaucoup. Il le sait, il y compte. Elle lui sourit le 20 juin 1969 et il devient le Premier ministre du nouveau président de la République, M. Georges Pompidou. Tout avait été réglé bien avant cette date. Le paradoxe du personnage – et sa richesse – tient dans ce mélange d'audace et de prudence, d'impulsion et de retenue : il incarne l'aventure organisée. Il se prépare pour être disponible, il investit consciemment dans sa destinée.

Son parcours de Premier ministre, de 1969 à 1972, c'est d'abord un départ en flèche, le lancement de la « nouvelle société », les succès de la concertation et de la politique contractuelle, et puis un lent engourdissement, la dégradation de ses rapports avec le président de la République, la majorité, l'opinion publique lorsque « la vague des scandales » l'atteint personnellement. Le voici obligé de s'expliquer à l'ORTF sur ses déclarations de revenus. Moment pénible.

Autour de lui resurgit la méfiance à l'égard du « politique » qui veut « disloquer » la société, du chef de gouvernement qui prend trop de poids par rapport au président de la République, de l'homme compromis par certaines amitiés et des relents d'affairisme.

[…]

Le 24 mai 1972, le Premier ministre obtient à l'Assemblée nationale la confiance massive de la majorité, mais, le 5 juillet, il perd celle de M. Pompidou : cette investiture-là étant dans le régime gaulliste aussi importante que celle du Parlement, il offre sa démission. […]

L'ancien Premier ministre se met en réserve de la République. Mais il se prépare et ne s'en cache pas : « *Il est vrai que je me prépare. À ma manière. Non pas en vue de l'élection présidentielle. Ce n'est pas pour demain. Je pense simplement que je peux avoir, à un moment ou un autre, un rôle à jouer* […]. *Je vois énormément de gens, de tous les milieux* » (Interview au *Point*, novembre 1973). Il réfléchit. À quoi ? Aux tensions de la société française, aux possibilités et aux limites du réformisme. Il voyage, en Chine notamment. Il rencontre M. Pompidou. En novembre 1973, M. Chaban-Delmas sort de sa réserve et presse l'allure. Avec la complicité de M. Debré il reprend l'UDR en main. Il sait désormais qu'il sera candidat si le président de la République ne se représente pas – ou disparaît.

Tout est prêt. Un secrétariat léger fonctionne rue de Bellechasse, à Paris, mais, discrètement, une équipe plus large prépare la campagne électorale. Un programme novateur, dans le style du discours sur la « nouvelle société », est rédigé ; le matériel de propagande est mis en place. Dès le 3 avril, des imprimeries, retenues depuis des mois et dédommagées pour cette immobilisation, ont tourné pour le compte du candidat.

M. Chaban-Delmas vient de prouver une nouvelle fois qu'il avait la résistance et l'obstination du coureur de fond, plus la pointe du sprinter. Ou, si l'on veut une autre image, Delmas sait jouer le fond de court, et Chaban monte vite au filet. La course qu'il engage sera la plus dure qu'il ait connue, si l'on excepte les risques de la Résistance. Réformiste, il inquiète ceux qui veulent conserver la société en l'état et ceux qui souhaitent la changer plus profondément. Après son expérience de Premier ministre, qui n'a pas été entièrement convaincante, il lui reste à prouver qu'on peut vraiment gouverner avec des institutions, et qu'il a la carrure de l'emploi.

André LAURENS

M. Valéry Giscard d'Estaing,
porté par l'analyse plus que par l'instinct

M. Valéry Giscard d'Estaing a de la coquetterie. Quand tout s'agite à Paris, il ne lui déplaît pas de réserver à l'Auvergne – la terre de ses ancêtres – et à Chamalières – la ville dont il est maire – la primeur de ses initiatives.

En 1969, la petite cité voisine de Clermont-Ferrand avait déjà servi de cadre à un acte politique capital – bien qu'attendu. Là, un 14 avril, un député du Puy-de-Dôme annonça que « *tout compte fait* [....], *avec regret mais avec certitude* », il voterait « non » au référendum prévu pour le 27 du même mois, celui dont l'échec ferait de la Vᵉ République une République sans de Gaulle.

Qu'en de telles occasions on souligne que l'homme politique parisien a voulu parler en élu local ou que le ministre s'est attaché à n'apparaître qu'en simple député, c'est là le premier objectif visé. Tant mieux si des citoyens sont sensibles à ce genre de symbolisme. Mais il ne déplaît pas trop non plus, il ne déplaît pas du tout au principal intéressé d'attirer à environ 400 kilomètres de Paris, en même temps que quelques dizaines de projecteurs, de micros, de caméras et de stylos, l'intérêt d'une classe politique polarisée jusque-là sur les antichambres de la capitale, où tout se joue. C'est même peut-être là l'essentiel de la motivation. C'est certainement là un des traits du caractère de celui qui vient de se lancer dans la course à l'Élysée : aller toujours un peu au-delà de l'original en prenant le risque du snobisme, ne pas craindre de dépasser l'élégance pour atteindre au raffinement, ne pas vouloir en rester à l'insolite et au risque de s'entendre dire parfois que « trop c'est trop ». Ainsi, un élégant bourgeois passe-t-il un jour à la postérité dans l'imagerie populaire en se faisant filmer en pull-over dans son ministère. Ainsi, un membre du gouvernement fait-il, dans le métro parisien, une escapade remarquée et dûment enregistrée. Ainsi, un fils de famille qui a étudié le piano, indique-t-il, au terme de sa notice biographique du *Who's Who*? (où sont rassemblés ses titres et ses charges) : « distraction : l'accordéon ». Ainsi, enfin, un homme dont nul n'ignore qu'il vise au plus haut de l'État donne-t-il à connaître qu'il eût préféré être Flaubert ou Maupassant...

« *À condition*, ajouta-t-il le jour où il fit cette confidence – et c'est là, peut-être, une autre clé du personnage –, *à condition d'avoir la certitude de réussir la même œuvre*. » [...]

L'entrée en politique

Des réussites, il y en a eu depuis cette enfance auvergnate, dont une bonne partie se passa à Chanonat, dans le Puy-de-Dôme. (Il était né, le 2 février 1926, à Coblence, où son père était directeur des finances du Haut Commissariat de France.) Des réussites il y en avait même eu avant, tout au long d'une ascendance riche en responsables politiques, en hauts fonctionnaires, en favoris des puissants, en maîtres de la fortune, en nobles aussi, puisque, en 1922, Edmond Giscard avait reçu le droit d'ajouter à son nom celui d'une autre branche de la famille, les Estaing.

Les réussites, ce furent des études menées apparemment sans effort, jusqu'à cette autre réussite qui est, pour un garçon de 17 ans, le choix du bon parti quand tout est trouble et qu'un pays ne sait pas s'il doit collaborer avec l'occupant ou résister.

Après la Résistance, puis un an de guerre, ce sont à nouveau les réussites plus habituelles de cet âge : les consécrations des têtes bien faites et bien pleines des enfants de la République que sont Polytechnique et l'Ena. À partir de là, c'est une carrière qui commence, et elle va très vite.

L'inspection des finances, un stage de courte durée dans l'administration loin de Paris, puis le ministère déjà, les responsabilités croissantes et l'entrée en politique grâce à M. Edgar Faure qui le prend dans son équipe en 1954 et fait de lui, l'année suivante, quand il est président du Conseil, le directeur adjoint de son cabinet.

Dix-neuf ans avant le printemps 1974, c'est déjà le contact avec ceux que l'on affrontera plus tard. M. Edgar Faure dissout l'Assemblée en 1955 et donne ainsi à son collaborateur l'occasion qu'il attendait de franchir une première étape : celle qui fait de M. Valéry Giscard d'Estaing, en janvier 1956, le député du Puy-de-Dôme (il succède dans ce mandat à son grand-père maternel Jacques Bardoux).

[...]

La IVᵉ République ne lui offrira pas son premier poste gouvernemental. De justesse. En 1957, M. Antoine Pinay, qui voulait faire de lui son secrétaire d'État aux finances, n'a pas reçu l'investiture de l'Assemblée. Mais il se souviendra de lui quand, en 1959, on l'appellera à participer au premier gouvernement de M. Michel Debré, sous le général de Gaulle, et la charge promise deux ans plus tôt sera, cette fois, effectivement confiée. [...]

Jusque-là, donc, tout est allé prestement. Une carrière menée de main de maître, favorisée par quelques atouts non négligeables, comme la famille, la fortune et les relations, mais aussi, et surtout, par des qualités que chacun relève, et qui ne manquent pas d'irriter les moins bien pourvus.

En 1962, ce n'est pas seulement l'année du premier titre de ministre. C'est aussi l'année de la naissance d'un leader politique. Jusqu'à 1958, M. Giscard d'Estaing a siégé à l'Assemblée au groupe des indépendants. Ces indépendants, dont il sera encore, après sa réélection, en novembre 1958, représentent la droite traditionnelle, la vieille droite, celle qui s'enflamme pour l'Algérie française, celle qui va se perdre dans ce combat. Que les préférences du jeune secrétaire d'État aillent, à cette époque, vers cette Algérie française, ce n'est pas douteux. Mais il y a aussi l'avenir ministériel, le général de Gaulle...

Les indépendants se divisent : il y a ceux qui passent à l'opposition, ceux qui restent au pouvoir ou près de lui. M. Giscard d'Estaing est de ces derniers. Les élections législatives de 1962 contribuent au recul des premiers et à l'essor des seconds. Le divorce entre le Centre national des indépendants (CNI) et ceux que l'on commence à nommer les « giscardiens » (ils sont un peu plus d'une trentaine au Palais-Bourbon) sera bientôt consommé. [...]

Après avoir servi, de janvier 1959 à avril 1962, sous l'autorité du Premier ministre Michel Debré, successivement comme secrétaire d'État aux finances, ministre des Finances, puis ministre des Finances et des Affaires économiques, après avoir conservé ce titre dans le premier puis dans le second ministère de Georges Pompidou, il faut l'abandonner, en janvier 1966, au profit de celui qui, depuis quelques semaines, s'était mis à critiquer la politique économique que l'on menait : M. Michel Debré.

Un parti pour un homme

L'enfant chéri des dieux, celui à qui tout avait réussi sans qu'il y eût trop à combattre, celui qui semblait se laisser porter par une chance tranquille, va véritablement trouver sa nouvelle dimension à ce moment-là. Comme il avait, d'une première rupture avec sa famille politique, gagné une petite troupe de fidèles, de cette rupture avec le général de Gaulle, de cette disgrâce, va naître le Valéry Giscard d'Estaing « contemporain ».

Il a les mains libres ; il va entreprendre, il n'est plus tenu au silence, il va critiquer. « Tour de France du dialogue et de la réflexion », début de la popularité, premiers clubs Perspectives et Réalités, fondation officielle, le 1er juin 1966, de la Fédération nationale des républicains indépendants : une machine d'abord légère et souple se constitue peu à peu.

[...]

Un parti qui se structure autour d'un candidat, un parti dont les têtes vont réfléchir au problème qui leur est posé : comment arracher l'héritage présidentiel aux enfants directs du gaullisme, comment devenir président de la Ve République quand on n'est ni baron du régime ni homme du recours ultime ? Un parti, enfin, dont tout le jeu consistera, pendant des années, à critiquer tout en restant allié, à manifester de l'indépendance sans remettre en cause l'existence de la majorité, à s'éloigner tout en restant proche.

Dans un premier temps, l'escalade de la contestation – alors que le général de Gaulle est à l'Élysée – se déroule comme un programme bien étudié. Premières paroles amères, chargées de reproche, dès le lendemain de la disgrâce. Premières critiques. Puis, le 10 janvier 1967, le « oui, mais » fameux (« *Le "oui, mais..." c'est l'approbation de la situation présente et de la politique actuelle, mais accompagnée d'une volonté de participer librement et activement à son élaboration ainsi qu'au désir de lui proposer certaines orientations fondamentales pour l'avenir* »).

La netteté de l'adresse surprend. Le général répondra qu'« *on ne gouverne pas avec des mais* » et l'ancien ministre (qui, parmi ses armes, compte, à n'en pas douter, l'impertinence) répliquera qu'« *on ne peut ni dialoguer ni contrôler avec seulement des oui* ». C'est le temps des « cactus », comme dit le Premier ministre d'alors, Georges Pompidou. Après les élections du printemps 1967, le 17 août de la même année, la mise en cause de l'« exercice solitaire du pouvoir » du Général au détour d'une déclaration sur les problèmes de l'heure sera un mot, un pas de plus.

[...]

Cela continuera, mais toujours sans dépasser les limites au-delà desquelles menace la rupture : il faut qu'en 1976 Valéry Giscard d'Estaing soit dans une position telle sur l'échiquier politique qu'il puisse prétendre attirer à lui les suffrages des centristes d'opposition sans que les gaullistes puissent lui refuser les leurs.

Démarche difficile et longue que l'on émaille d'appels à l'élargissement de la majorité (« *la France souhaite être gouvernée au centre* »), mais aussi, quand on est allé un peu trop loin, d'assurances données à l'UDR.

Mais, conçue pour donner son plein rendement aux approches du terme constitutionnel du mandat de Georges Pompidou, la mécanique va être prise au dépourvu. Elle va, semble-t-il, « patiner » quelque peu au lendemain du 2 avril, après sa mort soudaine. Mais, le silence que l'on gardera alors aura l'avantage – grand à ce moment-là – d'être aussi celui du respect et du deuil.

Il reste à Valéry Giscard d'Estaing à affronter une situation qui, dans sa finalité, est celle qu'il attendait depuis longtemps mais dont l'aspect conjoncturel est totalement différent de celui pour lequel il s'était véritablement préparé, il lui reste, pour reprendre les mots de M. Jacques Duhamel, à trouver en lui cet « instinct », cette possibilité d'improvisation qui lui font peut-être un peu défaut, mais dont il a jusqu'à maintenant pallié le manque par cette puissance d'« analyse » et cette conviction qui font sa force.

Noël-Jean Bergeroux

M. François Mitterrand, la constance

« *Il ressemble à une gazelle qui aurait des coutumes ecclésiastiques. On dirait qu'il y a du prélat chez ce sauteur. Il a des yeux dont la caresse, la première fois qu'on la subit, est surprenante. Mais un regard de fer derrière des prunelles de velours. Il procède dans la pensée et dans la parole par bonds pleins de souplesse. À la moindre alerte, il prend une fuite légère et on ne le voit plus* ». Ainsi André Figuéras décrivait-il M. François Mitterrand dans sa *Zoologie du Palais-Bourbon* (1956).

[...]

Traversant la IVᵉ République d'un pas allègre, et ne répugnant certes pas aux honneurs, ce fils d'un agent de chemins de fer, né le 26 octobre 1916 à Jarnac (Charente), oublie-t-il, la maturité venue, les ardentes exigences de ses premières années ? D'un gouvernement à l'autre (il a appartenu à onze d'entre eux de janvier 1947 à juin 1957), on le voit, en tout cas, apporter son concours aux présidents du Conseil les plus divers : pour commencer et pour finir, les socialistes Paul Ramadier et Guy Mollet, entre-temps le MRP Robert Schuman, le centre gauche René Pleven (son rival au sein de l'UDSR, dont il enlèvera la présidence en novembre 1953), les radicaux de toutes tendances, Henri Queuille, André Marie, Edgar Faure, Pierre Mendès France, le résistant de droite René Laniel.

Laxisme, éclectisme, arrivisme ? On serait porté à le croire si de temps à autre il ne manifestait par des actes qu'il préfère risquer plutôt que de subir, chercher à comprendre plutôt que de fermer les yeux et qu'il ne renonce pas à espérer un peu plus d'amour et un peu moins d'injustice. D'un long voyage à travers l'Union française et les protectorats il rapporte en 1953 un livre intitulé *Aux frontières de l'Union française* qui montre bien la grande attention qu'il porte à l'éveil des nationalismes et révèle en lui, ou plutôt confirme, un libéral de gauche plus socialiste déjà que maints caciques de la SFIO. En septembre de la même année il se démet de ses fonctions de ministre délégué au Conseil de l'Europe plutôt que d'apporter sa caution à la politique menée par le gouvernement Laniel en Afrique du Nord, et plus précisément au Maroc.

Ses réflexions, ses études et ses attitudes rapprochent M. Mitterrand de M. Mendès France, qu'il sert comme ministre de l'Intérieur lorsque éclate, le 1ᵉʳ novembre 1954, la guerre d'Algérie, et c'est alors la phrase qu'on lui « ressortira » cent fois et que beaucoup ne veulent toujours pas oublier de l'autre côté de la Méditerranée : « *La seule négociation, c'est la guerre, car l'Algérie c'est la France.* »

Lorsque, en 1958, les généraux d'Alger dictent leur loi à la France et mettent à bas son régime moribond, le chef de la petite UDSR est de ceux qui crient très fort un refus venu du plus profond d'eux-mêmes. M. Pierre Mendès France « *n'admet pas de vote sous la menace de l'insurrection et du coup de force militaire* ». Tenant le même langage, M. François Mitterrand s'écrie : « *En droit, le général de Gaulle tiendra son pouvoir de la représentation nationale, en fait, il le tient déjà du coup de force* ».

Dix-sept mois plus tard, dans la nuit du 15 au 16 octobre 1959, celui que les notables de la Nièvre ont envoyé, au mois d'avril précédent, siéger au Sénat, tombe dans une provocation (dit-il) ou organise une machination (prétendent les adversaires), une rafale atteint sa voiture à l'orée de l'Observatoire, et le « sauteur » doit franchir d'un bond les grilles du jardin pour échapper au pire. Cet épisode, stupéfiant dans l'existence d'un ancien ministre de l'Intérieur, laissera longtemps subsister une impression de malaise et un sentiment de gêne qui habitent sans doute encore, bon nombre d'esprits. Pas, en tout cas, celui d'un homme qui ne passe pas pour menteur et qui n'hésite pas une seconde à se porter garant de la bonne foi et de l'intégrité de son ancien ministre. Il s'agit de M. Pierre Mendès France.

Cette très rude épreuve passée, M. François Mitterrand, redevenu député de la Nièvre en novembre 1962, ne cesse de durcir son opposition au régime. Bien avant de publier *Le Coup d'État permanent* (1964), qui est un pamphlet d'une rare virulence contre le pouvoir personnel gaullien, il est, tout au long des années 1962 et 1963, face au Premier ministre, plus infatigable et plus constant que quiconque à critiquer les institutions de 1958 revues en 1962. Il y acquiert une dimension de leader de la gauche qui ne fera plus dès lors que s'affirmer. Le premier à s'en rendre compte et, dans une certaine mesure, à en tenir compte dans le camp opposé est celui qui, en juin 1969, succédera à Charles de Gaulle.

[...]

Il demeure fidèle à la conception qu'il expose une fois de plus dans *Ma part de vérité*, après avoir prouvé par son action qu'elle était bien la sienne : « *Il n'est pas question, pour moi, de renoncer à l'union des forces populaires au bénéfice d'une coalition hétérogène avec le centre. Je crois à ce que je fais, je crois à l'avènement du socialisme, je crois à sa nécessité... Le Parti communiste est notre allié naturel. Je n'ai à lui reconnaître aucun privilège. Je n'ai pas à le préférer. Je constate simplement que l'union de la gauche passe par le Parti communiste.* »

Étant parvenu à convaincre de cette évidence beaucoup de ceux qui en doutaient encore du temps de la Fédération de la gauche démocrate et socialiste (FGDS), étant, depuis juin 1971, premier secrétaire du nouveau Parti socialiste, ce qui constitue une curieuse performance pour un personnage qui ne fut jamais et n'est toujours pas « homme d'appareil », M. François Mitterrand aura certes besoin, pour gagner, d'effectuer demain comme hier (par exemple, entre les deux tours de 1965), des « *bonds pleins de souplesse* ».

[...]

Le dessein avoué, et patiemment poursuivi, du député de la Nièvre de faire du PS la première des formations de la gauche française est en bonne voie sans que songent pour autant à rompre ses partenaires communistes, qui pourtant le suspectaient de rêver de quelque « union sacrée » lorsqu'il écrivait à M. Messmer pour lui déconseiller la participation de la France au « Nixon round » (juillet 1973) et fronçait les sourcils lorsqu'il disait à l'ambassadeur d'URSS, M. Abrassimov, ce qu'il avait sur le cœur au sujet du sort des juifs d'Union soviétique (août 1972) ou encore lorsqu'il soulignait à propos de l'affaire Soljenitsyne : « *Les droits de l'homme passent avant toute autre considération* » (février 1974).

Obtenant de ses alliés qu'ils respectent en toutes circonstances sa liberté de mouvement et d'expression, ce serait beaucoup dire qu'il ait forcé le respect de tous ses adversaires. Du moins impose-t-il le silence lorsqu'il intervient au Palais-Bourbon à ceux qui, il n'y a pas si longtemps, s'évertuaient à couvrir sa voix par des cris et des claquements de pupitre. [...]

Raymond BARILLON

Mlle Arlette Laguiller, la « camarade Arlette »

Durant la campagne présidentielle, les téléspectateurs pourront voir sur leurs écrans une « gauchiste » qu'ils connaissent déjà : Mlle Arlette Laguiller, candidate de Lutte ouvrière, membre de la direction nationale de ce mouvement trotskiste, fut, à la télévision, lors des élections législatives de l'an dernier, le porte-parole de cette formation. Elle représentait ainsi les cent soixante-dix candidats de Lutte ouvrière.

Pour le grand public, Arlette Laguiller, 34 ans, c'est d'abord une jeune femme mince, aux cheveux noirs, coupés très court, qui se définissait elle-même, en janvier 1973, à l'occasion d'un portrait que lui consacrait la télévision, comme « *une militante, une femme qui, n'ayant pas de mari ni d'enfants à charge, peut témoigner* » et lutter avec ceux qui cherchent à construire « *une véritable société socialiste, une société où n'existera plus ni police ni lutte pour le profit* ».

Cette jeune femme est accoutumée au combat politique : candidate, dans le dix-huitième arrondissement de Paris, aux élections municipales de 1971 sur une liste « Paris aux travailleurs », elle s'est présentée en mars 1973, dans sa vingt-sixième circonscription de Paris (dix-huitième arrondissement), dont le député est M. Le Tac (UDR), où elle obtint au premier tour 721 voix sur 29 100 suffrages exprimés. Sa candidature à la présidence de la République était prévisible : elle avait elle-même précisé, en juillet 1973, à la télévision, que son organisation présenterait un de ses membres, et avait ajouté qu'il s'agirait «*vraisemblablement d'une femme*».

Arlette Laguiller, c'est enfin une militante syndicale : elle fut déléguée de la CGT au siège central du Crédit Lyonnais (où elle travaille depuis 1956) de 1962 à 1965 avant d'être écartée de ce syndicat pour son appartenance à l'organisation trotskiste Voix ouvrière. Aujourd'hui, elle milite à Force ouvrière (où, dit-elle, «*la démocratie syndicale est respectée*») et est un des leaders de l'actuel conflit qui se déroule dans les banques (*Le Monde* du 6 mars).

M. S.

M. René Dumont, l'écologie dans la mêlée

M. René Dumont est candidat. Il le fait sans illusion, mais avec la détermination de jeter dans le débat public qui va commencer des propositions non conformistes. Remettre en cause la croissance, comme il en a l'intention, ce n'est pas électoralement payant. Mais l'expert qu'est René Dumont a l'habitude de formuler des diagnostics et de prescrire des thérapeutiques qui déplaisent à ceux-là même qui les ont réclamées. Appelé en consultation dans nombre de pays en voie de développement, il a souvent critiqué, depuis quinze ans, la politique économique de leurs dirigeants.

Cette fois c'est le mouvement écologique français qui, désespérant de se faire entendre, l'a appelé à la rescousse.

Aux élections législatives de 1973, l'écologie n'avait guère fait recette. Cette fois encore on a l'impression que le sujet va être escamoté. En effet, ni la nouvelle société ni le projet socialiste n'ont l'intention d'« arrêter le progrès ». Tous les candidats s'appuient sur un même préalable : la croissance doit continuer. C'est ce postulat que contestent nombre de défenseurs de la nature et de l'environnement. M. René Dumont a accepté d'être leur porte-parole.

Le candidat « écologique » surprendra les Français. C'est un jeune homme de 70 ans. Il a les cheveux blancs mais le teint hâlé et la démarche souple des agronomes de terrain. Il a surtout la spontanéité, voire la naïveté, le franc-parler, pour ne pas dire l'impertinence des jeunes gens. Sa longue expérience, les titres et les décorations qu'on lui a décernés, sa carrière de professeur n'ont pas réussi à éteindre chez lui les feux d'une insurrection permanente contre «*la sottise et l'injus-tice*».

M. René Dumont est né en 1904, à Cambrai, d'une famille d'agriculteurs et d'enseignants. À 15 ans, il était socialiste : il l'est resté, «*mais*, dit-il, *je suis un socialiste antibureaucratique et autogestionnaire*».

À sa sortie de l'Institut national agronomique il partait pour quatre ans dans les rizières d'Indochine : une expérience qui déterminera sa vie professionnelle. M. René Dumont, revenu à l'Agro pour y être professeur, se spécialisera dans l'agriculture des pays du tiers monde. Il va «*traîner ses guêtres*» dans toutes les fermes tropicales, et ce qu'il voit lui inspire une vingtaine d'ouvrages dont les titres parlent d'eux-mêmes : *Nous allons à la famine, L'Afrique noire est mal partie* (un best-seller du genre), *Paysannerie aux abois, L'Utopie ou la Mort*.

[...]

En menant sa campagne, le candidat René Dumont voudrait lancer, pour la première fois dans la mêlée politique, quelques concepts explosifs qui n'ont guère dépassé jusqu'ici les cercles «écologiques». Tout le monde est d'accord pour protéger la nature et combattre les pollutions, mais on ne va guère au-delà. Renoncer au pari des centrales nucléaires, prôner une croissance zéro pour les grandes agglomérations, freiner la démographie et d'abord dans les pays riches, parce que leurs enfants sont des super-consommateurs, arrêter le gaspillage des ressources du tiers-monde et l'exploitation de ses travailleurs, voilà qui va paraître révolutionnaire... ou farfelu.

M. René Dumont a mesuré le péril, mais c'est un homme qui «*marche au canon*». «*Si nous montons au front*, dit-il avec aplomb, *les autres seront obligés de tenir compte de nos idées et de nos arguments.*»

Marc-Ambroise RENDU

Les figurantes de l'élection

«*Combien de femmes occupent-elles des postes de responsabilité dans votre entourage ?*» demanda-t-on un jour à Jacques Chaban-Delmas. Celui-ci répondit sans rire qu'il était, sur ce plan, assez content de lui. «*J'en ai une en particulier, précisa-t-il, qui est chef de mon secrétariat* [1].» Voilà jusqu'à quelles extrémités son féminisme pousse le maire de Bordeaux.

Comme le montre la campagne actuelle, M. Chaban-Delmas n'est pas, hélas! seul de son espèce. Tous les candidats auraient pu, s'ils y avaient attaché de l'importance, confier à des femmes des postes de responsabilité «politique» au sein de leurs équipes. Dans celles des trois favoris, cependant, on ne trouve de collaboratrices qu'aux échelons traditionnellement réservés au deuxième sexe: secrétariat, relations avec la presse ou encore affaires féminines et familiales. Prétendre que les femmes sont capables de s'occuper d'autre chose que de contacts humains ou de layette passe encore pour une incongruité dans la classe politique française. Les journaux, et surtout les magazines, renforcent encore ces préjugés lorsqu'ils s'empressent de nous présenter, comme à chaque fois, les épouses des candidats sous leur jour le plus traditionnel, secondes effacées et dévouées à l'ombre de leurs maris-vedettes.

Depuis bientôt trente ans que les voix féminines sont comptées dans les consultations électorales, elles ne sont toujours pas mieux écoutées. Les élections restent, personne n'en doute, une affaire d'hommes où les femmes jouent seulement le rôle de figurantes. Certes, on rencontre pour la première fois dans une campagne présidentielle une candidate, marginale il est vrai, Arlette Laguiller, seule contre onze. Elles auraient pu être deux. Cinq jours avant la date limite du dépôt des candidatures, la Ligue du droit des femmes avait annoncé celle d'une de ses militantes. Mais faute d'avoir réuni les signatures nécessaires – le temps lui a manqué –, Huguette Leforestier dut renoncer à se présenter. Un appel de Simone de Beauvoir, que la plupart des journaux ne daignèrent même pas publier, rencontra peu d'écho auprès des quelques femmes élues. Car tous les partis politiques se retrouvent pour condamner le féminisme: la gauche craint qu'il ne divise ses troupes, la droite classique qu'il ne brise la famille; quant à Jean Royer, il semble penser, comme au Moyen Âge, que la femme incarne les tentations du démon... Il en résulte que les candidats à des postes électifs, surtout s'agissant de ceux qui confèrent à l'élu un pouvoir réel, forment un club très fermé. N'y pénètrent que ceux qui ont le genre qu'il faut.

[...]

_____
1. Interview publiée dans *Elle* le 5 janvier 1970.

L'élection de 1974, quelle qu'en soit l'issue, ne sera donc pas celle qui révolutionnera « notre » parcours historique. Dans ces conditions, pour qui voter, et selon quels critères ? Faute de grives...

Un problème urgent, douloureux, fondamental reste en suspens depuis trop longtemps : celui de l'avortement. Parmi les candidats qui ont une chance d'emporter, au premier tour, plus de 1 % des voix, en est-il un qui le résoudrait à la satisfaction des femmes ? Ce n'est en tout cas pas M. Royer, dont on pourrait craindre, au contraire, qu'il ne fasse appliquer la loi de 1920 plus sévèrement encore que ses prédécesseurs. Ce n'est pas M. Chaban-Delmas, tenu par sa majorité UDR immobiliste. Ce n'est sans doute pas non plus M. Giscard d'Estaing qui, malgré de bonnes intentions exprimées à plusieurs reprises, a choisi d'escamoter le sujet pour un temps, afin de ne pas effrayer sa clientèle. Saurait-il, élu, montrer plus de courage ? Reste M. Mitterrand, premier secrétaire d'un parti favorable à l'avortement libre et gratuit. À condition qu'il ne se laisse pas freiner par un allié communiste plus conservateur que lui dans ce domaine, ses électrices peuvent au moins espérer qu'il tiendrait ses engagements.

Claude SERVAN-SCHREIBER, 23 avril 1974

Les résultats

Au lendemain du 5 mai, trois candidats totalisent près de 91 % des suffrages : François Mitterrand qui arrive en tête avec 43,2 % des voix, Valéry Giscard d'Estaing (32,6 %) et Jacques Chaban-Delmas (15,10 %). Il n'y a donc pas de surprises. La gauche progresse, la droite également mais moins vite, les abstentions sont en recul.

Une question se pose entre les deux tours : les électeurs gaullistes vont-ils reporter leur voix sur Valéry Giscard d'Estaing, personnalité politique peu connue pour son attachement aux valeurs du général de Gaulle ?

De son côté, François Mitterrand escomptait 45 % des voix. « Avec 44 % des voix, *disait-il souvent,* il faut que je me batte, mais cela reste possible ; à 43 % j'ai perdu. »

Les sondages Ifop et Sofres donnent, pour le deuxième tour, 51 % à Giscard et 49 % à Mitterrand ; Publimétrie dit le contraire.

Le premier tour

CANDIDATS	Nombre de voix obtenues	% Suffrages exprimés	% Inscrits
FRANÇOIS MITTERRAND	11 044 373	43,24	36,08
VALÉRY GISCARD-D'ESTAING	8 326 774	32,60	27,20
JACQUES CHABAN-DELMAS	3 857 728	15,10	12,60
JEAN ROYER	810 540	3,17	2,64
ARLETTE LAGUILLER	595 247	2,33	1,94
RENÉ DUMONT	337 800	1,32	1,10
JEAN-MARIE LE PEN	190 921	0,74	0,62
EMILE MULLER	176 279	0,69	0,57
ALAIN KRIVINE	93 990	0,36	0,30
BERTRAND RENOUVIN	43 722	0,17	0,14
JEAN-CLAUDE SEBAG	42 007	0,16	0,13
GUY HÉRAUD	19 255	0,07	0,06

	Total	
Inscrits	30 602 953	
Abstentions	4 827 210	(15,77 %)
Votants	25 775 743	(84,22 %)
Blancs ou nuls	237 107	(0,77 %)
Exprimés	25 538 636	(83,45 %)
Maj. absolue	12 769 319	

Le second tour

	Total	
Inscrits	30 600 775	
Votants	26 724 595	(87,33 %)
Abstentions	3 876 180	(12,66 %)
Blancs et nuls	356 788	(1,16 %)
Suffrages exprimés	26 367 807	(86,16 %)

Valéry Giscard d'Estaing : 13 396 203
Pourcentage par rapport aux électeurs inscrits 43,77 %
Pourcentage par rapport aux suffrages exprimés 50,80 %

François Mitterrand : 12 971 604
Pourcentage par rapport aux électeurs inscrits 42,38 %
Pourcentage par rapport aux suffrages exprimés 49,19 %

Pourquoi M. Giscard d'Estaing a-t-il gagné ?

Au début de la campagne au premier tour, d'après les sondages publiés par l'Ifop et par la Sofres, MM. Chaban-Delmas et Giscard d'Estaing étaient à peu près à égalité du point de vue des intentions de vote déclarées : 26 % environ des intentions de vote pour chacun d'entre eux. Trois raisons principales expliquent qu'en trois semaines cet équilibre initial se soit modifié radicalement en faveur de M. Giscard d'Estaing. La première est que celui-ci jouissait *dès le départ* d'une supériorité *virtuelle* sur son adversaire, supériorité que ne traduisaient pas les intentions de vote, mais qui n'avait besoin que d'un petit coup de pouce pour se révéler. Si, en effet, on comparait l'« image » que les électeurs se faisaient des deux candidats, les sondages montraient dès le 15 avril que l'« image » de M. Giscard d'Estaing était beaucoup plus favorable que celle de son adversaire sous deux aspects principaux. D'une part, la majorité des électeurs jugeaient M. Giscard d'Estaing, *en tant qu'individu*, plus intelligent, plus compétent, plus sérieux, plus sincère, plus désintéressé et plus apte à résoudre les principaux problèmes de l'heure que son adversaire ; en d'autres termes, ils lui donnaient la préférence du point de vue des qualités intellectuelles, techniques, morales et humaines. D'autre part, M. Giscard d'Estaing apparaissait généralement comme plus capable que M. Chaban-Delmas de réaliser une ouverture de la majorité vers le centre.

Une raison majeure

Considérant ces images, le modèle du comportement électoral utilisé par les auteurs indiquait dès le 12 avril que, sur la base de leurs préférences personnelles, 34 % des électeurs auraient dû normalement voter pour M. Giscard d'Estaing, contre 16 % pour M. Chaban-Delmas. Or à cette même date les intentions de vote déclarées, on vient de le rappeler, se répartissaient à peu près également entre les deux candidats. En d'autres termes, un décalage important apparaissait entre les préférences profondes et les intentions de vote déclarées, celles-ci ne reflétant pas fidèlement celles-là. Cet écart s'explique principalement par la croyance, très répandue à cette date, selon laquelle M. Chaban-Delmas était mieux placé que M. Giscard d'Estaing pour battre M. Mitterrand : de nombreux électeurs (de l'ordre de 8 à 10 %), tout en préférant personnellement M. Giscard d'Estaing à M. Chaban-Delmas, s'apprêtaient à voter pour le second par souci de voter « utile ». C'est pourquoi la supériorité *virtuelle* de M. Giscard d'Estaing ne se traduisait pas fidèlement dans les intentions de vote. Et peut-être cette déviation des préférences, sous l'effet d'un « calcul » ou d'un raisonnement tactique, eût-elle pu se maintenir jusqu'au jour du scrutin si la croyance erronée sur laquelle se fondait ce calcul n'avait pas été dissipée, rapidement, par la publication des premiers sondages.

Cette publication constitue, en effet, la deuxième raison majeure du succès de M. Giscard d'Estaing au premier tour. En révélant aux électeurs, et notamment à ceux des électeurs qui éprouvaient une préférence pour M. Giscard d'Estaing mais n'osaient la traduire en vote, que M. Giscard d'Estaing était dès le départ aussi bien placé que M. Chaban-Delmas, les sondages annulèrent le seul atout de M. Chaban-Delmas, à savoir sa plus grande « crédibilité ». En l'espace d'une dizaine de jours, tous les électeurs ajustèrent peu à peu leur intention de vote sur leurs préférences profondes, de telle manière qu'au jour du scrutin les pourcentages de voix obtenus par les deux candidats coïncidaient presque exactement avec ceux que laissaient prévoir les préférences profondes des électeurs trois semaines plus tôt.

C'est la première fois en France que l'influence de la publication des sondages sur les votes apparaît d'une manière aussi claire. Il n'y a d'ailleurs pas lieu, dans ce cas particulier, de déplorer cette influence car le rôle des sondages a seulement été de dissiper une illusion largement répandue et par là même de permettre à chaque électeur de voter d'une manière plus authentique, sur la base de ses inclinations profondes plutôt que d'un calcul tactique.

Ainsi, entre M. Giscard d'Estaing et M. Chaban-Delmas, les jeux étaient virtuellement faits dès le début de la campagne et, après le coup de pouce donné par la publication des sondages, il était bien difficile à M. Chaban-Delmas de renverser la situation. Peut-être, cependant, eût-il pu réduire quelque peu l'écart, si sa campagne avait été bien orientée. Mais, et c'est là que réside la troisième raison principale de son échec, M. Chaban-Delmas semble avoir commis trois erreurs dans l'orientation générale de sa campagne. Plus précisément, les trois thèmes principaux sur lesquels il a mis l'accent se sont révélés peu efficaces parce que peu crédibles.

Le premier de ces thèmes, rappelons-le, était celui du « candidat le mieux placé pour battre M. Mitterrand ». Il a été « miné » et neutralisé, on vient de le voir, par la publication des sondages.

Le deuxième thème, utilisé tout au long de la campagne, était celui de la politique sociale, qui s'appuyait sur des références à ce qu'avait fait M. Chaban-Delmas pendant la période où il était Premier ministre. Si M. Chaban-Delmas n'avait eu comme adversaire que M. Giscard d'Estaing, ce thème aurait pu être efficace. Mais, dans le combat triangulaire auquel participait aussi M. Mitterrand, la supériorité de ce dernier sur le terrain social était trop forte pour que M. Chaban-Delmas puisse rivaliser avec lui.

Enfin, le troisième thème de M. Chaban-Delmas, utilisé au cours de la dernière semaine de sa campagne, fut celui du « candidat du centre », seul capable d'éviter le choix entre la gauche et la droite et leur affrontement violent. Or, pour des raisons évidentes, ce thème n'était pas crédible : depuis des années, l'opinion publique avait, dans sa grande majorité, situé l'UDR et ses dirigeants à droite plutôt qu'au centre et, au début de la campagne, les enquêtes montraient qu'aux yeux de l'opinion MM. Chaban-Delmas et Giscard d'Estaing étaient perçus tous deux comme des hommes du centre droit ou de droite, M. Giscard d'Estaing étant même considéré souvent comme plus au centre que M. Chaban-Delmas. Il n'était guère possible de modifier, en quelques jours, des images aussi anciennes et aussi solides. [...]

Denis LINDON et Pierre WEILL,
22 mai 1974

IV

1981 :

LA GAUCHE S'INSTALLE AU POUVOIR

Soixante-quatre prétendants à la candidature ont tenté de faire valider leur dossier par le Conseil constitutionnel. L'un d'eux a mobilisé les médias et une partie de l'opinion, Coluche. Mais il n'ira pas jusqu'au bout de la démarche. In fine, *dix candidats ont été retenus : trois femmes dont deux peu connues du grand public, Huguette Bouchardeau, Marie-France Garaud, et une « ancienne » de l'élection présidentielle, Arlette Laguiller. Sept hommes sont également candidats dont un gaulliste historique, Michel Debré, et celui qui se veut le refondateur du mouvement, Jacques Chirac. Au nom du Parti communiste, Georges Marchais va tenter de faire aussi bien que Jacques Duclos, et il s'y prépare bruyamment, tandis que deux trublions, Brice Lalonde et Michel Crépeau, ont décidé de profiter de la campagne pour faire une percée politique. Face à eux, deux hommes :*

L'un est sûr d'être présent au second tour, François Mitterrand. En annonçant sa candidature à la présidence de la République dès le 8 novembre 1980, devant le comité directeur du PS, il a obligé Michel Rocard comme Jean-Pierre Chevènement, eux aussi candidats potentiels de la gauche, à se retirer. Le 24 janvier 1981, le congrès extraordinaire du PS entérine ce choix. L'appareil du parti est en ordre de bataille. Lionel Jospin est nommé premier secrétaire.

L'autre, Valéry Giscard d'Estaing, président en exercice, est confiant mais quelque peu fragilisé par l'affaire dite des diamants, le suicide de Robert Boulin, ministre du Travail, et l'assassinat de Jean de Broglie, un homme du sérail. Il craint également la candidature de Jacques Chirac.

Pour cette élection du président de la République au suffrage universel, les jeunes de 18 à 21 ans pourront voter, c'est une première. En effet, depuis le 5 juillet 1974, l'âge de la majorité est passé de 21 à 18 ans.

Les années Giscard :
le premier septennat de la Ve République

L'exercice du pouvoir

Établir un bilan du septennat, ce n'est pas instruire un procès, mais, compte tenu de la personnalité du président sortant et de la nature de son pouvoir, cela revient, en toute occasion, d'une part, à comparer ce que M. Giscard d'Estaing a dit et ce qu'il a fait et, d'autre part, à s'interroger sur la portée de ce qu'il prétendait faire.

L'exercice du pouvoir présidentiel peut s'apprécier, en premier lieu, par rapport aux autres pouvoirs institutionnels en mesure d'empiéter sur lui, le cas échéant : ceux du gouvernement, du Parlement, des collectivités locales. En second lieu, l'attitude du pouvoir s'apprécie par rapport aux « autres » : les partis politiques, l'opinion et les moyens de peser sur elle.

À l'instar de ses prédécesseurs sous la Ve, M. Giscard d'Estaing fut un président qui a gouverné la France. Dans cet exécutif bicéphale, la primauté présidentielle ne s'est pas démentie. Non seulement le président a défini les grandes orientations politiques, mais il a souvent fixé dans le détail et dans le temps la réalisation des moindres actions gouvernementales, voire ministérielles.

Cela n'est pas allé sans conflit et – fait sans précédent sous la Ve République – M. Chirac s'est démis, de sa propre initiative, de ses fonctions de Premier ministre pour tirer la conséquence autant d'une incompatibilité d'humeur que d'un désaccord politique. Nouvel exemple de la concurrence latente qui existe entre le chef de l'État et le chef du gouvernement, comme on l'avait déjà vérifié entre le général de Gaulle et Georges Pompidou, et entre celui-ci et M. Chaban-Delmas. Sauf que, cette fois, la rivalité est allée jusqu'à son accomplissement extrême puisque l'ex-Premier ministre s'est porté candidat contre le président sortant. Il faut, sans doute, y voir plus une avanie de la concurrence au sein de la majorité qu'une crise institutionnelle procédant de la dyarchie de l'exécutif. L'équilibre des institutions a été préservé pendant le septennat, mais la Ve République l'a dû moins à l'action du président qu'au souci des gaullistes de ne pas engager une épreuve de force qui aurait offert une chance à la gauche.

M. Giscard d'Estaing a régné sans partage, gouverné avec le sens de la durée. On l'a vu à sa manière de planter des jalons, et à son souci de placer les siens aux postes clés et de former ceux qui le serviront plus tard aux fonctions qu'il leur destine. Ainsi en a-t-il été, pour quelques-unes de ses recrues : MM. Jean-Pierre Fourcade, Raymond Barre, Jean-François Poncet, André Giraud, Christian Beullac, Jean-François Deniau, sans oublier les femmes qu'il a choisies : Françoise Giroud, Simone Veil, Monique Pelletier, Alice Saunier-Seïté. Pour l'essentiel, ce recrutement s'est opéré parmi ce qu'il est convenu d'appeler les « technocrates » suivant une habitude prise dès l'origine de la Ve République. Des technocrates que le président a tenté, avec des bonheurs divers, de transformer en « politiques » à l'instar de son propre cursus.

De là sont venues, pour une part au moins, les difficultés rencontrées par l'exécutif dans ses rapports avec le Parlement. Il y a bien eu quelques gestes pour améliorer le contrôle parlementaire, mais ils ont été annihilés par le recours aux plus contraignantes méthodes d'asservissement des Assemblées, celles-là mêmes qui avaient été inventées par les gaullistes au début de la Ve et qui se sont retournées contre eux. La responsabilité de l'exécutif ne fait aucun doute, mais les torts sont partagés avec la majorité. L'ex-parti dominant s'est mal résolu, après avoir perdu les rênes du pouvoir, à son rôle d'opposition interne, fût-elle « constructive », car sa vraie vocation est de gouverner. Quant au nouveau parti du président, il n'a pas réussi à assurer sa domination sur l'ensemble du terrain électoral. Il en est résulté une rivalité paralysante et un immobilisme prudent, qui ont tranché avec les débuts prometteurs du septennat lorsque soufflait encore le vent du changement. [...]

Un libéralisme sans ligne directrice

C'est notamment à cause de ses compétences supposées dans les domaines économiques qu'une majorité d'électeurs avaient finalement donné leur préférence, au mois de mai 1974, à M. Valéry Giscard d'Estaing. Dans la mesure où ils ont été déçus, et ils l'ont été, faut-il en imputer la raison à la malchance (ce serait une bien curieuse explication à propos d'un homme qui se croit lui-même favori des dieux), à la dureté des temps, ou bien au contraire à l'insuffisante aptitude à porter un diagnostic juste sur la situation et à appliquer une thérapeutique adéquate ?

Ce n'est pas seulement entre les politiques suivies par les deux Premiers ministres successifs que se manifeste un contraste frappant. Il est pour le moins difficile de trouver un fil conducteur dans la politique économique et monétaire menée au cours des vingt-sept premiers mois du septennat par l'Élysée et par Matignon, qu'occupait alors M. Chirac. Dès le mois de juin 1974 est lancé un plan de refroidissement qu'a rendu, d'une façon ou d'une autre, inévitable la formidable envolée de l'inflation (17 % en rythme annuel) provoquée par le laxisme des mois précédents, qui avait atteint son comble pendant la campagne présidentielle. En repoussant le moment d'engager le fer contre l'inflation (la RFA avait, pour sa part, réagi dès juin 1973, après avoir, en vain, invité Paris à s'associer à son effort), la France courait un risque dont l'événement allait bientôt confirmer la réalité. Les mesures restrictives prises à la fin du printemps commençaient à peine à faire sentir leur effet que la conjoncture se retournait brusquement – en octobre-novembre – dans tous les pays industrialisés. Fait particulièrement significatif, le gouvernement se refusait à répercuter sur les prix intérieurs le renchérissement du « brut » intervenu en décembre 1973. De ce choix démagogique, M. Valéry Giscard d'Estaing se félicitait publiquement, déclarant aux téléspectateurs qu'il ne veut pas de « *rationnement par l'argent* ». Curieuse façon, pour un libéral, de présenter le fonctionnement du mécanisme des prix.

[...]

Au moment de son départ, M. Chirac dresse l'action qu'il a menée, ou essayé de mener, à Matignon en déclarant : « *Les efforts du gouvernement ont tendu à limiter au maximum les effets de la crise de l'économie mondiale.* » Outre la non-répercussion de la hausse du pétrole importé sur les prix du carburant et sur les tarifs publics (électricité, chemin de fer, etc.), cette politique avait consisté à dissuader les entreprises de procéder à des licenciements, à créer de nouveaux postes dans l'administration.

On n'a jamais été aussi loin dans cette voie – libéralisme oblige – que ne l'a fait en Suède le gouvernement de M. Olof Palme, mais c'est un fait qu'à Paris comme à Stockholm on faisait le pari de la reprise prochaine de conditions économiques normales permettant d'éviter de procéder à des réajustements douloureux. Il est clair que, sous la présidence de M. Giscard d'Estaing, la France était entrée dans la crise sans doctrine définie.

Sept ans après, la France se retrouve en proie à l'inflation que le gouvernement Barre n'a pas pu vaincre ni même diminuer. Entre-temps, la vision des choses a changé du tout au tout. L'apport personnel de M. Raymond Barre aura été de rompre avec la politique du « refus de la crise », surtout après la victoire électorale remportée en mars 1978 à l'occasion des législatives. Les licenciements sont non pas encouragés, mais, sauf exceptions, acceptés dans la mesure où on y voit une condition regrettable mais inévitable de l'assainissement de l'appareil productif. La libération des prix enfin acquise a contribué, plus que beaucoup d'autres mesures, à faire entrer l'économie française dans l'âge adulte. Dans le même esprit, un effort a été entrepris pour stabiliser le déficit des sociétés nationales en consentant au relèvement de leurs tarifs. La logique de cette nouvelle approche plus authentiquement libérale n'a pas été poussée jusqu'au bout, tant s'en faut. À telle enseigne que, au gouvernement Barre, on peut reprocher d'avoir été plus austère en parole qu'en fait, rendant par là même très difficile la position de son successeur, qui aura du mal à faire comprendre à l'opinion publique la nécessité de nouveaux « sacrifices ». [...]

Avortement et contraception

Dès son arrivée à l'Élysée, M. Giscard d'Estaing avait souhaité voir rapidement s'élaborer une nouvelle législation sur l'avortement. Telle est la première mission qu'il avait assignée à Mme Simone Veil en lui confiant le portefeuille de la Santé.

Le texte adopté en novembre 1974, après ce tumultueux débat, et devenu « loi du 17 janvier 1975 », modifiait radicalement l'état du droit sur ce point et ne gardait des législations antérieures (1920-1923) que les dispositions répressives, applicables aux contrevenants du nouveau texte. Ce dernier rendait l'interruption de grossesse légale jusqu'à la dixième semaine, l'interdisait aux étrangères non résidentes en France, aux mineures non pourvues d'une autorisation, et en faisait un acte médical non remboursé par la Sécurité sociale, praticable exclusivement dans des centres, publics ou privés, agréés à cet effet.

Cette loi, enfin, était présentée comme un texte temporaire, adopté pour cinq ans.

Pendant ces cinq années d'application expérimentale, la mise en œuvre du texte se heurta à l'opposition délibérée d'une grande partie des responsables médicaux et hospitaliers. [...]

Le secteur privé, de son côté, a parfois fait montre d'un extrême laxisme – le mot est faible – dans l'application de la loi, notamment en pratiquant des avortements très tardifs.

La loi du 31 décembre 1979, défendue devant le Parlement par Mme Monique Pelletier, ministre déléguée, chargée de la Condition féminine, et M. Jacques Barrot, ministre de la Santé et de la Sécurité sociale, comporte une seule différence majeure par rapport à celle de 1975 : elle impose aux hôpitaux publics de se doter d'une unité où seront pratiquées les interruptions de grossesse.

Il n'était pas possible de légiférer sur l'avortement sans élargir les dispositions relatives à la contraception, rendue légale par la loi Neuwirth de 1967. Aussi, une nouvelle loi Neuwirth a-t-elle été adoptée et promulguée le 4 décembre 1974, qui rendait les contraceptifs remboursables par la Sécurité sociale, y compris pour les mineures, et ce sans autorisation parentale. Dans le même temps, on augmentait considérablement le nombre des centres de planification familiale sur l'ensemble du territoire.

Environ une femme sur deux en âge de procréer utilise une méthode moderne de contraception en 1981.

Les acquis des femmes

La promotion des femmes a été une des grandes ambitions du septennat. Dès juillet 1974, la création d'un secrétariat d'État à la condition féminine, le premier du genre en France, confié à Mme Françoise Giroud, le prouvait. Mais cette ambition a buté sur la crise économique, dont les femmes furent parmi les premières victimes.

L'emploi féminin est l'aspect négatif du bilan de l'action en ce domaine : les femmes représentent 58 % des demandeurs d'emploi, et les inégalités de traitements et de salaires ne diminuent guère. Mais les femmes ont obtenu des droits nouveaux. En 1975, le Code civil est modifié pour que le choix du lieu de résidence de la famille ne soit plus réservé au mari. La même année, la réforme du divorce est lancée. En 1980, le congé de maternité sera porté à vingt-six semaines pour le troisième enfant. Une loi réprimant plus sévèrement le viol sera votée tandis qu'une autre – adoptée en première lecture – prévoit que 20 % de femmes devront figurer sur les listes de candidats aux élections municipales dans les villes de plus de deux mille cinq cents habitants (actuellement mille six maires sur trente-six mille sont des femmes). Des textes importants sur le temps partiel, le congé parental et l'assurance-veuvage ont été adoptés. [...]

Parmi les dix candidats, quelques nouveaux venus et un « oiseau de passage »

Mme Marie-France Garaud

Mme Marie-France Garaud, née Marie-Françoise Quintard, a vu le jour le 6 mars 1934 à Poitiers (Vienne).

Après des études à l'institution de la Providence et à la faculté de droit de Poitiers – elle est diplômée d'études supérieures de droit public, de droit privé et d'histoire du droit –, elle s'inscrit au barreau de Poitiers (1964).

Attachée juridique au ministère de la Marine (1957-1960), Mme Garaud devient, en 1961, attachée parlementaire au cabinet de M. Jean Foyer, ministre de la Coopération, puis, de 1962 à 1967, chargée de mission au cabinet de M. Jean Foyer, devenu garde des Sceaux, ministre de la Justice.

De la place Vendôme, Mme Garaud passe à l'hôtel Matignon en qualité de chargé de mission auprès de Georges Pompidou, Premier ministre, fonction qu'elle exercera en 1967 et 1968. Puis Georges Pompidou, élu président de la République en 1969, la fait entrer à l'Élysée, où elle est conseillère technique au secrétariat général, poste qu'elle occupera jusqu'à la mort du chef de l'État, le 2 avril 1974.

Elle rejoint alors la Cour des comptes, où elle avait été nommée conseiller référendaire le 4 mai 1974. Mme Garaud exerce le rôle, officieux, de conseillère auprès de M. Jacques Chirac, Premier ministre. Elle suit M. Chirac lorsque ce dernier quitte Matignon, le 25 août 1976, participe à la création du RPR, à la campagne des élections législatives de 1978 et à celle des élections européennes de 1979. Le lendemain de cette élection, elle quitte l'entourage du président du RPR.

M. Michel Crépeau

Né le 30 octobre 1930 à Fontenay-le-Comte (Vendée), M. Michel Crépeau est diplômé d'études supérieures de droit privé et d'histoire du droit, inscrit au barreau de La Rochelle en 1955, il a cessé d'exercer sa profession d'avocat en 1973. Militant, dès 1948, des Jeunesses radicales, il participe à la direction de l'Union nationale des étudiants de France. Élu maire de La Rochelle en 1971, réélu au premier tour en 1978 à la tête d'une liste d'union de la gauche, il a entrepris de faire de La Rochelle une ville pilote en matière de réalisation à caractère écologique. Parallèlement, le maire accorde une priorité à l'action culturelle et facilite l'implantation de festivals de musique et de danse. Élu député de la première circonscription de la Charente-Maritime en mars 1973 (réélu en 1978), conseiller général depuis 1967 (réélu en 1973 et en 1979), M. Crépeau siège à l'Assemblée nationale au groupe du Parti socialiste et des radicaux de gauche.

Président de la fédération départementale de la Charente-Maritime du Parti radical-socialiste en 1971, il participe à la création du Mouvement de la gauche radicale-socialiste (né d'une scission du Parti radical valoisien) en octobre 1972. Vice-président du Mouvement des radicaux de gauche de 1976 à 1978, M. Crépeau est élu président du MRG en mai 1978.

Signataire du programme commun de gouvernement avec le Parti socialiste et le Parti communiste en juin 1972, le maire de La Rochelle a toujours revendiqué l'orientation à gauche du MRG, tout en accentuant ses critiques à l'égard des directions du PS et du PC depuis 1978. Partisan d'un « *socialisme du possible* » et d'une « *écologie du réel* », il se voulait le porte-parole d'une gauche à la fois « radicale » et « humaniste ».

Mme Huguette Bouchardeau

Née Huguette Briaut le 1ᵉʳ juin 1935 à Saint-Étienne, Mme Bouchardeau est agrégée de philosophie et titulaire d'un doctorat en sciences de l'éducation. Elle a enseigné au lycée Honoré-d'Urfé, à Saint-Étienne puis en 1970, elle est devenue assistante à l'université de Lyon.

Ancienne militante de l'UNEF, Mme Bouchardeau a adhéré au PSU dès sa fondation en 1960. Parallèlement, elle a milité dans le syndicalisme enseignant (FEN et SGEN), au mouvement du Planning familial et dans des organisations féministes. Secrétaire fédérale du PSU de la Loire en 1974, elle siège la même année au bureau national de ce parti comme responsable du secteur femmes.

Élue secrétaire nationale du PSU en janvier 1979, elle est désignée par son parti, en novembre de la même année, comme candidate à l'élection présidentielle. Elle est l'auteur d'une histoire du mouvement des femmes en France entre 1914 et 1968.

M. Brice Lalonde

M. Brice Lalonde est né le 10 février 1946 à Neuilly-sur-Seine (Hauts-de-Seine). Président de l'UNEF-Sorbonne de

1966 à 1968, M. Lalonde a participé, sans responsabilités syndicales ni politiques, au mouvement de mai-juin 1968. Il a ensuite adhéré au PSU et, en 1971, aux Amis de la Terre. Exclu du PSU pour s'être présenté contre un candidat de son parti à l'élection législative partielle du 14 novembre 1976 dans le cinquième arrondissement de Paris (il avait obtenu 6,57 % des suffrages exprimés), M. Lalonde a dirigé une liste écologiste, dans le même arrondissement, lors des élections législatives de mars 1977. Cette liste a obtenu 13 % des suffrages exprimés.

Un an plus tard, M. Lalonde a été l'un des animateurs d'Écologie 78. Candidat dans la troisième circonscription de Paris (V^e), il a obtenu 8,73 % des suffrages exprimés au premier tour. Il a déclaré, entre les deux tours, que les écologistes « *sont dans l'opposition* », ce qui lui a été reproché par les partisans d'un écologisme « *indépendant des partis politiques* », qui ont vu dans cette déclaration un appel à voter à gauche au second tour.

Lors de l'élection européenne de juin 1979, M. Lalonde a préconisé la formation d'une « *liste des minorités* », associant les écologistes et les petites formations de gauche (PSU et MRG). Cette formule a été rejetée par l'assemblée générale du Réseau des Amis de la Terre (RAT), tandis que les adversaires de M. Lalonde au sein du mouvement écologiste préparaient la liste Europe-Écologie, conduite par Mme Solange Fernex. M. Lalonde a envisagé, ensuite, de constituer une liste qui aurait réuni le PSU, des écologistes et des oppositionnels communistes. La négociation a échoué par suite d'un désaccord entre M. Lalonde et M. Jean Elleinstein.

Des animateurs écologistes issus de la liste Europe-Écologie ont créé, en février 1980, le Mouvement d'écologie politique (MEP), qui s'est engagé, avec le RAT, dans un processus devant conduire à la désignation d'un candidat à l'élection présidentielle. M. Lalonde l'a emporté, lors des assises régionales réunies le 15 juin 1980, sur M. Philippe Lebreton, président du MEP.

M. Georges Marchais

Né le 7 juin 1920 à La Hoguette (Calvados).
Mécanicien ajusteur dans l'industrie aéronautique, M. Marchais a travaillé en Allemagne pendant la Deuxième Guerre

mondiale, dans des conditions qui ont donné lieu à de vives polémiques et à une procédure judiciaire.

En 1946, il commence une carrière de responsable syndical, comme secrétaire du syndicat des métaux d'Issy-les-Moulineaux, secrétaire du centre intersyndical CGT dans la même commune en 1951, secrétaire de l'Union des syndicats de travailleurs de la métallurgie de la Seine de 1953 à 1956. Membre du PCF depuis 1947, il devient, en 1956, secrétaire de la Fédération de la Seine-Sud et membre suppléant du comité central. En 1959, il est désigné comme membre titulaire et entre la même année au bureau politique.

Deux ans plus tard, il est secrétaire du comité central chargé du travail d'organisation, un poste clé au PCF. En 1970, il est secrétaire général adjoint et, en décembre 1972, il succède comme secrétaire général à M. Waldeck-Rochet, écarté par la maladie.

Il donne tout son essor à la stratégie d'union de la gauche amorcée par son prédécesseur, et le 27 juin 1972, il est cosignataire, avec MM. François Mitterrand et Robert Fabre, du programme commun de gouvernement. Le 11 mars 1973, il est élu député de la première circonscription du Val-de-Marne (Arcueil, Villejuif) où il fut régulièrement réélu depuis. En juin 1979, il conduit la liste communiste pour l'élection de l'Assemblée des communautés européennes.

En 1977, c'est M. Marchais qui, interrompant ses vacances d'été, relance la bataille sur l'actualisation du programme commun, qui devait se solder par un échec et conduire à la rupture le 27 septembre.

Reconduit dans ses fonctions de secrétaire général au vingt-deuxième congrès (février 1976) et au vingt-troisième congrès (mai 1979), M. Marchais avait été désigné comme candidat de son parti à l'élection présidentielle par une conférence nationale réunie le 12 octobre 1980.

M. Michel Debré

M. Michel Debré est né le 15 janvier 1912. Après des études au lycée Louis-le-Grand, à la faculté de droit de Paris – M. Debré est docteur en droit – et à l'École libre des sciences politiques, il entre au Conseil d'État à 23 ans, en qualité d'auditeur.

M. Debré, qui a effectué son service militaire à Saumur, participe à la bataille de France au printemps de 1940 et est fait prisonnier. Lors de sa troisième tentative d'évasion, en septembre de la même année, il passe en zone libre, gagne le Maroc au début de 1941, puis revient en France où il deviendra par la suite, sous le nom de Jacquier, l'un des dirigeants du mouvement Ceux de la Résistance. Adjoint au délégué en France occupée du gouvernement de Londres, puis d'Alger (1943-1944), il est commissaire de la République à Angers lorsqu'il accueille le général de Gaulle à Laval quatre jours avant la libération de Paris.

En avril 1945, M. Michel Debré entre au cabinet du général de Gaulle, où il se consacre aux problèmes liés à la réforme administrative et constitutionnelle. C'est de cette époque que date la création de l'École nationale d'administration (Ena). Sénateur d'Indre-et-Loire en 1948 (il le restera jusqu'en 1958), il est élu conseiller général d'Amboise en 1951, mandat qu'il détiendra jusqu'en 1970, puis conseiller municipal (1959) et maire (1966) d'Amboise.

Le général de Gaulle l'appelle à ses côtés en juin 1958, afin d'être le garde des Sceaux du dernier gouvernement de la IVᵉ République. Il prépare alors la nouvelle Constitution et devient en janvier 1959 Premier ministre du premier gouvernement de la Vᵉ République. Il le restera jusqu'en avril 1962. Battu aux élections législatives générales de novembre 1962 dans la troisième circonscription d'Indre-et-Loire, il est élu député de la Réunion, le 5 mai 1963, à l'occasion d'une élection législative partielle dans l'île.

En janvier 1966, M. Debré revient au gouvernement comme ministre de l'Économie et des Finances, poste qu'il occupera jusqu'au 30 mai 1968. Ministre des Affaires étrangères (mai 1968 – juin 1969), il devient, après l'élection de Georges Pompidou à la présidence de la République, ministre d'État chargé de la Défense nationale (juin 1969 – mars 1973).

En 1979, il conduit, conjointement avec M. Jacques Chirac, la liste DIFE aux élections européennes.

M. Jacques Chirac

M. Jacques Chirac est né le 29 novembre 1932 à Paris. Après des études aux lycées Carnot et Louis-le-Grand, à l'Institut d'études politiques de Paris et à l'École nationale d'administration, où il entre en 1957, M. Chirac devient auditeur à la Cour des comptes en 1959. Trois ans plus tard, il est chargé de mission au secrétariat général du gouvernement et il entre, la même année, au cabinet de Georges Pompidou, Premier ministre. M. Chirac s'occupe à Matignon des problèmes de l'équipement, de la construction et des transports.

Encouragé par Georges Pompidou, il brigue un mandat électif et l'emporte, dans la troisième circonscription de Corrèze, en mars 1967, sous l'étiquette Vᵉ République. Nommé, la même année, secrétaire d'État aux affaires sociales, chargé des problèmes de l'emploi, il occupe cette fonction jusqu'en mai 1968. C'est en 1968 qu'il est élu conseiller général du canton de Meymac (Corrèze) et en 1970 qu'il est porté à la présidence du conseil général de ce département.

Réélu député de la Corrèze (UDR) en mars 1968, il est nommé secrétaire d'État à l'économie et aux finances, puis, en 1971, ministre délégué chargé des relations avec le Parlement, en 1972, ministre de l'Agriculture et du Développement rural, en 1974, ministre de l'Intérieur. Il n'occupera ce dernier poste que trois mois, jusqu'à la formation du premier gouvernement qui a suivi l'élection de M. Valéry Giscard d'Estaing à la présidence de la République.

Après la mort de Georges Pompidou, le 2 avril 1974, M. Jacques Chirac avait contribué, en créant au sein de l'UDR un courant défavorable à la candidature de M. Jacques Chaban-Delmas, à placer M. Valéry Giscard d'Estaing en tête des candidats de la majorité au premier tour de l'élection présidentielle.

L'élection passée, M. Giscard d'Estaing fait de lui son Premier ministre. Après plus de deux années passées à l'hôtel Matignon, M. Chirac considère qu'il ne dispose plus des moyens d'exercer efficacement ses fonctions de chef du gouvernement. Il présente la démission de son gouvernement le 25 août 1976, puis il crée le Rassemblement pour la République, le 5 décembre de la même année et présente sa candidature à la mairie de Paris. Il est élu en mars 1977.

Après avoir conduit la campagne nationale du RPR pour les élections législatives de mars 1978, et obtenu sa réélection en Corrèze, il mène conjointement avec M. Michel Debré la campagne de la liste DIFE aux élections européennes de juin 1979.

L'anti-candidature de Coluche

Coluche et Coluche sont en bateau. Coluche tombe à l'eau. Qu'est-ce qui reste ?... Coluche ! Cette petite fable fera peut-être sourire. Elle résume pourtant les aventures du clown français depuis le 30 octobre 1980, date de l'annonce de sa candidature à la candidature. Sur la scène du Théâtre du Gymnase, Coluche, artiste de variétés, avait présenté aux journalistes Coluche-candidat, son double : un «*président bleu-blanc-merde*». Dès lors les deux frères jumeaux, Coluche et Coluche, ont fait campagne. L'un au théâtre, artiste toujours; l'autre tous azimuts, candidat scatologique «*épuisé à force de remuer la merde des autres*».

Les affaires de Coluche-candidat ont d'abord marché très fort. Il faut se souvenir du soutien chaleureux de M. Gérard Nicoud, ancien secrétaire général du CID-UNATI (un syndicat de petits artisans), affirmant : «*Mieux vaut un comique professionnel qu'un comique de circonstance*», de la pétition de soutien d'intellectuels parisiens et des coups de chapeau, de-ci, de-là. Il y eut un mois de douce euphorie dans le camp des coluchiens.

Que disait leur antihéros ? Il tenait ce langage :

«*Il y a des mecs qui sont jamais représentés par des partis politiques : les homosexuels, les chauffeurs de taxi, les coiffeurs, les agriculteurs… Je me retrouve alors être le candidat des minorités. Or, les minorités mises bout à bout, c'est la majorité…*

«*Je ne veux pas être président de la République, mais je veux que les mecs qui font la politique réfléchissent que la politique, telle qu'on la fait aujourd'hui, elle est nase (morte). […]*

«*Les gens qui font la politique, ils nous font chier. Tout le monde dit que ma candidature n'est pas sérieuse, mais qu'est-ce que ça veut dire pas sérieux ? Ça veut dire qu'elle est pas chiante.*

«*Comment voulez-vous que ma candidature ne soit pas importante à partir du moment où moi, qui n'ai pas le certificat d'études, j'arrive à faire peur à des candidats à la présidence de la République, parce que je peux leur prendre des voix ? Ils ont peur de ma candidature, et comme je suis là pour faire chier, j'irai jusqu'au bout.*»

Puis vint le temps des coups durs. Deux coups durs en forme de faits divers. Ce fut d'abord le corps de René Gorlin, 39 ans, son régisseur pour les éclairages, découvert le 25 novembre au petit matin, trempant dans la boue d'une carrière, au bord de la Marne. L'homme, au service de Coluche depuis sept ans, avait été exécuté de deux balles de calibre 5,5 mm dans la nuque.

Il y eut ensuite les menaces adressées par un groupe clandestin d'extrême droite « Honneur de la police » qui avait revendiqué l'assassinat de Pierre Goldman et d'autres attentats. Voici que Coluche devait être protégé comme un « V.I.P. ».

Ces deux faits divers ont-ils été à l'origine de la renonciation ? Toujours est-il qu'une mécanique de rejet du candidat s'enclenche alors. La presse audiovisuelle – arme décisive dans toute campagne – se met à bouder l'homme en salopette au nez rouge. Pas de « Club de la presse » (Europe 1), pas d'émission sur Radio-7 (radio « thématique » pour les jeunes, dépendant de Radio-France), pas de sketch dans le « Collaro show » (Antenne 2) pour Coluche. *Je suis interdit d'antenne*, dit-il, *ils ont peur, ils me font beaucoup d'honneur.* »

Et la presse écrite, à sa manière, se mêle de la partie. *L'Express*, daté du 27 décembre au 2 janvier, lui consacre six pages écrites au vitriol. Résumons : « *La vraie nature de Coluche* », y apprend-on, est fondamentalement mauvaise. Trois mois plus tôt (*L'Express* daté du 11 au 17 octobre), une longue interview nous faisait découvrir – tiens, tiens ! – un Coluche intelligent et sympathique.

Ce rejet et cette censure de la presse à l'endroit de sa candidature, Coluche les ressent avec amertume. « *Les journalistes n'ont pas suivi*, dit-il. *Ils auraient bien voulu, mais leurs chefs ont dit non. Ils ont lâché. Ça, c'est écœurant. C'est un pays de larbins. Au début, ils se bousculaient, j'en voyais six par jour ; maintenant plus personne.* » La mécanique d'exclusion de ce comique du monde politique a donc bien joué, parallèlement, peut-être, à une certaine lassitude de l'opinion publique. Les fameux sondages le prouvent. Au mois de novembre, Coluche recueillait entre 10 et 12,5 % des « suffrages », au mois de décembre entre 8 et 9 %, au mois de janvier 7 %, puis 5,5 %.

Progressivement, Coluche a ainsi été reconduit dans son « ghetto » d'origine, celui du show-business. Sa « *plaisanterie historique* » a été évacuée, occultée. Il annonce qu'il arrête les frais, puis dément ce nouveau canular et entreprend une grève de la faim que personne ne prend vraiment au sérieux. Il n'en est pas moins hospitalisé le 29 mars. Le 7 avril, il confirme, à sa manière, qu'il n'est plus candidat : « *Je suis bien content d'être sorti de cette affaire. Ce n'est pas parce que j'ai mis le nez dans leur merde que je vais l'y laisser.* »

Le premier tour

Inscrits	36 398 859	
Votants	29 516 082	(81,09 %)
Abstentions	6 882 777	(18,90 %)
Blancs ou nuls	477 965	(1,31 %)
Suffrages exprimés	29 038 117	

CANDIDATS	Nombre de voix obtenues	% Suffr. expr.	% Inscrits
GISCARD D'ESTAING	8 222 432	28,31	22,58
MITTERRAND	7 505 960	25,84	20,62
CHIRAC	5 225 848	17,99	14,35
MARCHAIS	4 456 922	15,34	12,24
LALONDE	1 126 254	3,87	3,09
LAGUILLER	668 057	2,30	1,83
CRÉPEAU	642 847	2,21	1,76
DEBRÉ	481 821	1,65	1,32
GARAUD	386 623	1,33	1,06
BOUCHARDEAU	321 353	1,10	0,88

Double succès

Le premier tour de l'élection présidentielle se traduit non par une victoire de la gauche, dont le pourcentage global augmente peu, mais par un double succès du candidat socialiste. En prenant une forte avance sur le Parti communiste, il talonne le président sortant. Jamais le Parti socialiste n'avait atteint un pourcentage aussi élevé depuis la Libération. Ceux qui, à droite, déploraient depuis trente ans sa faiblesse face au Parti communiste devraient s'en féliciter. Pas du tout. Les premières estimations étaient à peine connues que les giscardiens relançaient leur campagne et leur slogan contre le candidat de la gauche, « *otage des communistes* » !

La défaite des communistes – qui a tourné à la débâcle dans la capitale – a certainement bien des causes, dont la principale n'est sans doute pas le « vote utile ». [...]

De cette défaite le parti peut tirer des leçons fort différentes. Ou bien il refuse plus que jamais, parce qu'affaibli, d'être la force d'appoint d'une gauche nettement dominée cette fois par le Parti socialiste, ou bien il considère que, rompue en tant qu'alliance, l'entente de la gauche est le seul moyen de reconstituer ses forces électorales.

Les giscardiens attaquent les socialistes sur les deux thèmes étroitement liés de la participation de ministres communistes et du choix de société. Jusqu'au second tour ils enfonceront ce clou dans la tête d'électeurs centristes et plus encore chiraquiens, éventuellement tentés de battre par tous les moyens le président sortant. Un membre du gouvernement a même été jusqu'à dire que le choix du second tour serait entre le collectivisme et la liberté. Pourquoi pas entre le fascisme et la liberté puisque les mots n'ont plus aucun sens ?

[...]

Si l'élection de M. Mitterrand dépend essentiellement du report des voix communistes, celle de M. Giscard d'Estaing dépend du transfert des suffrages obtenus par M. Chirac. La réélection du président sortant réduirait de toute évidence la portée du relatif succès du maire de Paris, qui a réussi à justifier la raison d'être et à sauver l'avenir du RPR.

Mais s'il est vrai qu'il y a moins de divergences idéologiques entre giscardiens et chiraquiens qu'entre socialistes et communistes, le partage du pouvoir est aussi difficile à droite qu'à gauche. Que M. Mitterrand l'emporte et M. Chirac apparaîtra comme le recours après la dissolution de l'Assemblée nationale.

L'attitude des deux « grands » candidats battus comptera autant que la campagne des deux candidats demeurés en lice. Nul n'est propriétaire de ses voix, mais il est une manière qui ne trompe pas, claire ou confuse, de dissuader les électeurs de voter pour l'un des concurrents. Au total, et quoi qu'on en dise, le pays demeure bel et bien coupé en deux. L'état de l'esprit public le veut autant que le mode de scrutin.

Jacques FAUVET

La gauche arrive au pouvoir

Pour une grande partie de la classe politique comme pour l'opinion, un tel événement annonce un bouleversement majeur de la société française. Certains ont peur ou se font peur en imaginant l'arrivée des conseils ouvriers et des gardes rouges, d'autres espèrent en un humanisme socialiste sans pour autant abandonner totalement le rêve du « grand soir ».

Les résultats définitifs du second tour

Inscrits	36 392 678	
Votants	31 249 753	(85,86 %)
Abstentions	5 142 925	(14,13 %)
Blancs ou nuls	887 368	(2,43 %)
Suffrages exprimés	30 362 385	

CANDIDATS	Nombre de voix obtenues	% Suffr. expr.	% Inscrits
MITTERRAND	15 714 598	51,75	43,18
GISCARD D'ESTAING	14 647 787	48,24	40,24

Les réactions à Paris et en province

« *Enfin, les ennuis commencent* »

De notre envoyé spécial

Château-Chinon. – Est-ce cela, un moment historique ?
À deux pas de la place Gudin et de la très républicaine fontaine
due au génie de l'illustre sculpteur Jules Machebœuf, François
Mitterrand est en conversation avec une journaliste allemande.
Il est 18 h 32, ce dimanche 10 mai, et le candidat socialiste,
dans un salon de l'hôtel du Vieux Morvan, embué comme Château-Chinon a pu l'être le nez dans le brouillard toute la journée, explique les particularités de la météo locale, la montagne,
les rivières.

Il est 18 h 32 et le chef du service de presse de Mitterrand,
la cravate en perdition, se précipite sur lui, le saisit par la
manche, et lui tend une fiche. Par l'antique téléphone de l'hôtel, probablement contemporain de Bell, le premier verdict
vient de tomber. L'estimation Ifop accorde à Mitterrand entre
52 % et 53 % des suffrages. Impassible, celui-ci lit le message
et commente doucement : « *Restons calmes. Ce n'est pas certain. Mais évidemment, il vaut mieux que cela soit comme cela.* »
Puis, imperturbable, revenant à la journaliste : « *Comme je
vous le disais donc, le climat ici...* »

Un instant plus tard, un militant, déjà en retard d'admira-
tion, clame : « *Vous avez vu, non mais, vous avez vu ce calme, ce
sang-froid. On lui annonce qu'il est président de la République
et il ne bronche pas.* » Certes, certes. Mais peut-être fallait-il voir
aussi, à partir de ce moment-là, le regard de François Mitterrand, cette flammèche joyeuse annonçant la réussite de la troisième évasion et préparant déjà la suite. À la deuxième

estimation, celle de la Sofres, 18 h 47, 51 % à 51,7 %, Mitterrand interroge, rieur : « *Mais quel est donc l'homme qui a dit : Enfin, les ennuis commencent ?* » Un journaliste rétorque : « *Peut-être bien Léon Blum.* » Mitterrand rit. Mitterrand, à cet instant, se sait président de la République.

Est-ce cela, un moment historique ? Quand le très sage hôtel du Vieux Morvan, son cerf-baromètre, ses diplômes de chevalier du Verre galant, ses chats sauvages empaillés, ses petits tableaux naturalistes, les douilles d'obus ciselées sur les cheminées pour célébrer les glorieux ancêtres et ses calendriers publicitaires pour flatter les VRP, ses deux étoiles poussiéreuses, tout cela bascule dans la folie du soir de victoire, comme ces pots de géraniums, premières victimes de la gauche ? Est-ce cela, quand Danièle Mitterrand, la tête prise dans les mains, murmure : « *Ce n'est pas vrai, ce n'est pas vrai* », et pleure discrètement ? Est-ce cela quand Guy Ligier, l'ami, le battant, tape dans le dos de l'un, de l'autre et même dans le dos des murs, comme s'il avait gagné le championnat du monde des constructeurs ? Est-ce cela quand Jacques Séguéla, le publicitaire, s'efforce avec difficulté à la modestie du triomphe ou quand Roger Hanin, le beau-frère, de toutes les campagnes, tente lui aussi en vain le rôle de sa vie, prendre cela avec détachement ?

Qui, dans cette atmosphère, le pourrait ? Il y a de la folie dans l'air, et les photographes, qui font furieusement leur métier, interpellent M. Mitterrand « *monsieur le président !* » avec une intonation telle qu'on jurerait entendre cette fois le « P » majuscule. Le cuisinier de l'hôtel a jeté sa toque aux orties et refuse l'évidence. La vieille serveuse, de toutes les élections et de tous les soirs de désillusion, celle-là même qui, au moment du repas, confiait comme secret d'État que « *M. Mitterrand avait bu du vin rouge, mais de l'ordinaire* », se cache le visage dans son tablier. Tout le monde embrasse le voisin, même celui qui n'a rien fait. Et dehors, des jeunes, des vieux, ceux qui plus tard, à 20 heures, s'offriront, debout sur les tables du café, un shampooing au champagne « *à la santé d'Elkabbach et de Duhamel* », lancent, avec ce merveilleux accent morvandiau, des « *Françoué* » longs comme un septennat.

François Mitterrand sourit. Il ne triomphe ni ne trahit d'excessive émotion. Tout juste se laisse-t-il aller à donner l'accolade à quelques-uns parmi les amis présents, Pierre Joxe venu de Saône-et-Loire, et Louis Mermaz, venu de l'Isère. Ou à répondre presque distraitement aux questions : « *Ce que je ferai lundi ? Eh bien, je vais me répéter, je me lèverai comme tous les jours de la vie.* » De toute évidence, François Mitterrand est ailleurs. Ni dépassé ni débordé par l'événement, à peine surpris, s'offrant, si l'on peut dire, le luxe d'un «bonheur tranquille», avec l'absolue sérénité de ceux qui voudraient n'avoir jamais douté.

Une main légèrement tremblante

Comme s'il n'avait pas douté. Comme si, à 18 h 15 pour être précis, on ne l'avait vu se passer sur le front une main légèrement tremblante. Ce fut, il est vrai, le seul petit signe d'inquiétude relevé dans une journée d'attente, pesante, lente et étirée comme un dimanche provincial, grise et brumeuse comme Toussaint en mai, interminable et presque insupportable d'indolence affectée. François Mitterrand, arrivé de Paris à 12 h 40, s'était directement rendu à la mairie, sa mairie, cet ancien tribunal de style Empire. Dans la grande salle, il avait voté deux fois, pour lui-même et par procuration pour une vieille dame de Château-Chinon. Sa femme avait, elle, la procuration de leur fils. Ils passèrent donc deux fois devant l'urne, déposée sur des tables d'école. Puis, François Mitterrand, le maire, gagna son bureau. Pour y travailler, dit-on. Ou peut-être pour y méditer, entre le cartel vert d'époque Régence et la photo de Jean Jaurès, entre le bureau design et la lampe offerte par les mineurs.

Après, il y eut le repas, un de ces repas de comice agricole ou de conseil général, solide au corps et sans prétention, de la terrine au dessert maison. Mitterrand, sans faire table à part, était dans un petit salon avec ses intimes et avec les journalistes qui l'avaient assez longtemps suivi en campagne pour mériter cet honneur. Il s'en échappa parfois pour venir dire un mot gentil à l'un ou à l'autre, et il y resta aussi pour avancer des choses moins aimables : «*Est-ce vrai, comme quelqu'un l'a dit, que Louis XV est mort un 10 mai, le 10 mai 1774 ?*»

Puis, il s'en alla se reposer dans son chez-lui hôtelier, voir à la télévision une demi-finale de rugby, ou peut-être bien voler une petite sieste. C'était là déroger à la règle qui veut que François Mitterrand offre aux journalistes une visite guidée de Château-Chinon, une leçon-promenade d'histoire locale. Il n'y avait plus, pour suppléer ce forfait imprévu, qu'à lire *L'Abeille et l'Architecte* pour comprendre que, à Château-Chinon, «*du château il ne reste rien et de la vieille cité pas grand-chose*», et à se résigner à voir ruisseler la pluie sur les toits de cette ardoise grise imposée, au terme d'un homérique et vieux combat, par le maire Mitterrand. «*Il me faut, pour ne pas m'égarer, garder le rythme des jours, avec un soleil qui se lève, qui se couche, le ciel par-dessus la tête, l'odeur du blé, l'odeur du chêne, la suite des heures.*»

Bien après que le soleil, qui ne s'était jamais levé, se fut recouché, le ciel carrément sur la tête, François Mitterrand est sorti de sa chambre. Il s'en est allé à la mairie, au milieu d'une cohue indescriptible, lire son message. Puis, sous un orage extraordinaire, il a dévalé le Morvan vers Avallon, emprunté l'autoroute. Au péage de Fleury, des motards de la police nationale l'attendaient, comme à un octroi de la République, pour l'emmener vers Paris et un nouvel orage.

Pierre GEORGES, 12 mai 1981

La nouvelle prise de la Bastille

Combien étaient-ils, cette nuit du 10 mai, à la Bastille ? Cent mille, deux cent mille, plus ? Dès 20 h 30, ils sont arrivés, par petits groupes, la banderole sous le bras, la rose à la boutonnière, le slogan en tête. « *On a gagné!* » Les enfants, eux aussi, courent sur le boulevard Beaumarchais, d'où disparaissent les voitures.

21 heures. Les slogans se font plus politiques. Apparaissent les drapeaux rouges, quelques drapeaux noirs, une grande banderole du Parti communiste. La fête commence. « *C'est le 14 juillet* », dit, sourire aux lèvres, un Turc immigré qui, lui, n'a pas voté. Tant pis. Sa joie éclate.

La foule se fait compacte. Sur l'estrade, Claude Villers anime la fête. Les petits marchands, les feux de Bengale font leur apparition, la fraternité aussi, la joie de ceux qui s'embrassent, se tiennent par la main, par l'épaule. Il fait chaud, cette nuit, à la Bastille.

Sur l'estrade arrivent un à un les ténors, dont la voix couvre les slogans de la foule. « *Giscard au chômage!* », clame une voix d'un balcon, la formule est joyeusement reprise. « *Ce n'est qu'un début, continuons le combat.* » Un orchestre envahit l'estrade, une fanfare des beaux-arts mâtinée de style Bastille, qui entonne des chansons à boire.

Arrive Michel Rocard, radieux, ovationné par la foule. « *C'est une très belle victoire, indiscutable. François Mitterrand et, derrière lui, toute la France du travail viennent d'ouvrir une page nouvelle* [...]. *Mais je ne me sens pas le droit de vous dire que ce sera facile... La droite a perdu le pouvoir politique, elle n'a pas perdu le pouvoir économique. Elle se battra, elle essaiera de freiner, de saboter. Mais, dès la semaine prochaine, le socialisme en marche sera ce que nous le ferons* », conclut-il en saluant la présence, à ses côtés, de quelques dirigeants communistes.

Justement, Pierre Juquin saisit le micro : «*On l'a eu, Giscard, on réunira nos efforts pour avoir les patrons, ceux qui ont trop de tout.*» Puis la note politique, pour que nul n'en ignore, ce n'est pas seulement une fête, il faut parler des choses sérieuses : «*Les communistes sont prêts à prendre toutes leurs responsabilités, jusqu'au gouvernement, et à tous les niveaux*», avant d'ajouter, pour renvoyer la politesse à Michel Rocard : «*Je suis heureux d'être ici ce soir avec tous mes camarades socialistes...*»

La foule n'a que faire de ces allusions aux difficultés de l'union. Elle se fait plus joyeuse, plus bruyante, plus avide encore de vedettes. On lui en trouvera : Paul Quilès, directeur de la campagne socialiste, Lionel Jospin, premier secrétaire du PS. «*Chacun a compris*, s'écrie-t-il, *qu'au second tour il n'était pas question de mettre des conditions pour battre Giscard-le-chômage, Giscard-l'injustice, Giscard-le-mépris du peuple [...]. La nouvelle majorité*, ajoute-t-il, *nous en aurons besoin dès demain pour revenir sur la loi Stoléru, sur les mesures qu'a prises Alice Saunier-Seïté contre l'Université, sur la loi Peyrefitte.*»

La fête tourne à la kermesse. «*Thierry, 12 ans, et Za-Za, 3 ans, attendent leurs parents devant le cinéma.*» La musique reprend, on danse joyeusement. Un Africain tente depuis le début d'escalader l'estrade, scandant : «*Les diamants en Afrique, où sont les diamants ?*» Une délégation du MLF entonne, aux côtés de Gaston Defferre, une *Internationale* que reprend la foule avec ferveur. «*Debout, les damnés de la terre...*» On chante ensuite *La Marseillaise*. Saute sur la scène, hirsute, un lutin en collant rouge, qui danse une carmagnole endiablée.

Enfin, Huguette Bouchardeau, visage radieux, la voix cassée par l'émotion, parviendra avec peine à crier sa joie avant, juste avant que ne tombent les formidables trombes d'eau qui devaient tout emporter. La foule n'aura pas vu François Mitterrand, qu'elle attendait, qu'elle réclamait. L'orage aura eu raison de la fête.

Style 1968

Rue de la Bastille, les cortèges improvisés cherchent abri contre la pluie d'orage dans le restaurant Bofinger. Des employés musclés les en dissuadent. Le spectacle aperçu derrière les vitres suscite les sarcasmes : la gauche de luxe et ses «intellos» se congratulent. Les «vieux prolos» de 1936, comme Annette Poivre et Raymond Bussières, croisent des éditorialistes de Hersant où de Filipacchi aux vestes réversibles. Françoise Giroud est là. On reconnaît Robert Sabatier, Marie

Cardinal, Dominique et Jean-Toussaint Desanti, Jean-Claude Brialy, Cavanna. [...]

Au fond du restaurant, Louis Aragon observe le meeting de la place, par une fenêtre entrouverte. Il ne semble pas comprendre ce qui se passe.

« *Où suis-je ?* répète-t-il. *Qu'est-ce qui se passe ?* »

Puis, rêveur :

« *À mon âge, il ne peut plus rien se passer !* »

Sur la place, Lionel Jospin parle.

« *Il dit du mal du pouvoir ?*, questionne le poète. *Il a tort : ce n'est pas une solution !* »

Un manifestant grimpe au poteau d'un sens interdit, et s'agrippe à un auvent de café.

« *Voilà une acrobatie*, dit encore Aragon, *dont je ne serais plus capable !*

— *Ça vous rappelle quoi ?*, lui demande-t-on.

— *Rien.*

— *1936 ?*

— *Mettons. Mais ça fait plus de bruit que d'image. Ça ne vaut pas, un soir, il y a trois mois, dans l'île Saint-Louis, un jeune homme entièrement nu qui planait, figurez-vous, au-dessus du sol...* »

Exit le poète, stetson crème en bataille. Entre Jean Dutourd, dont la visite fait grommeler certains.

« *Alors ?*

— *Je suis content que Poulidor ait enfin gagné !* » s'amuse Dutourd.

Un passant maugrée :

« *Je n'en attendais pas moins de vous !*

— *Je retire*, corrige l'auteur du *Bon beurre*. *Mitterrand, je le connais, c'est un homme intelligent...* »

L'écrivain quittera-t-il sans encombre une fête qu'il n'a pas vraiment souhaitée ? Il s'en inquiète. Sans raison. L'heure n'est pas aux aigreurs. Avec la majorité, la paranoïa va-t-elle changer de camp ?

Claire BRISSET, 12 mai 1981

La « Marseillaise » des battus

Partout, dans Paris, la foule immense, heureuse. « *Ha ! ce que je suis content ce soir !* » Ils descendaient les boulevards et les rues vers la fête. Les enfants sur les épaules des parents. Des roses à la main. Le peuple était là.

À la même heure, des jeunes remontaient les Champs-Élysées, petit groupe défait, tout bardé de badges. *« Plus j'y pense, plus c'est Giscard. »* Ils remontaient à contre-courant des voitures qui, tout klaxons dehors, fêtaient l'élection de Mitterrand. Il remontait, ce petit groupe, vers l'Étoile, courageusement, pour manifester devant la flamme son dépit, son désarroi. *« Mitterrand aux chiottes ! »* Du bord de l'avenue, un homme en complet veston leur répliquait : *« Rendez-nous les diamants. »* Il était seul, ils étaient une vingtaine. Il avait l'air convenable, ils le regardèrent, interloqués. Une femme expliquait à un étranger, fumant cigare : *« J'habite le 16ᵉ arrondissement depuis plus de quarante ans, mon mari est directeur de société, mais il y a vraiment trop d'injustice. Il faut le voir, le vendredi, partir pour leurs châteaux… Vous me dites, monsieur, qu'il y aura une évasion des capitaux ? Mais je vous réponds, c'est déjà fait. Et alors ? »*

Les jeunes giscardiens, sous l'Arc, entonnent leur *Marseillaise* avec lenteur. Deux Américains, qui assistent à la cérémonie, en profitent pour une analyse politique à chaud : *« Avec Mitterrand, vous aurez de grandes difficultés économiques »*, disent-ils avec l'accent qu'on ne prête qu'aux Texans. Puis la troupe du candidat battu repart dans le flot des véhicules qui continuent à scander, en klaxonnant, la victoire ! Le rang serre les coudes avant de s'engouffrer dans la rue de Marignan où se trouve un cordon de policiers. *« Mitterrand aux chiottes »*, répètent, en hurlant et en se retournant sur la foule qui les talonne, des jeunes filles, tandis que virevoltent leurs jupes plissées et que tournoient leurs sacs en bandoulière. Un ancien d'Algérie, très excité, veut se battre. Il est comme fou. Deux automobilistes s'injurient toutes vitres baissées. Mais on conseille : *« Pas de provocations ! »*

Il faut dire que, à présent, les Champs-Élysées sont noirs de mitterrandistes, venus de la Bastille avec leurs drapeaux et leurs roses. La foule ne cesse de grossir, et les jeunes giscardiens ont les yeux pleins de sommeil. Deux ou trois auraient bien voulu partir « reprendre l'Étoile ». La plupart iront au lit. Le dernier carré discute devant le magasin Céline. *« Les Français n'ont pas compris la finesse de la politique économique de Giscard, l'aspect mondialiste. Tant pis pour eux. »* Ils se sépareront sous la pluie.

Christian COLOMBANI, 12 mai 1981

Le succès et l'avenir

L'élection de M. François Mitterrand à la présidence de la République, c'est d'abord la victoire de l'alternance, c'est-à-dire de la démocratie. Depuis vingt ans et plus, une même famille d'esprit était, sans partage, au pouvoir ; une autre va lui succéder. Une grande partie du pays, et en première ligne les classes les moins favorisées et sa jeunesse, vont enfin, souhaitons-le, se sentir mieux aimées, mieux comprises, mieux représentées, mieux défendues.

L'élection de M. François Mitterrand, c'est aussi le succès personnel d'un homme qui avait échoué de justesse en 1974, mais n'a jamais renoncé et l'a emporté grâce à son courage, à son intelligence, à son talent. Malgré une campagne effrénée et, pour finir, mensongère de son adversaire.

La victoire de M. François Mitterrand, c'est encore, et tout naturellement, celle d'un parti nouveau qu'il a bâti avec foi, mais aussi celle de toute la gauche, qu'il a finalement rassemblée, et, au-delà d'elle, de tous ceux qui, las d'un pouvoir à court d'idées, aspiraient au changement.

Cette victoire, c'est enfin celle du respect sur le dédain, du réalisme sur l'illusion, de la franchise sur l'artifice, bref, celle d'une certaine morale.

La défaite, c'est d'abord l'échec personnel de M. Valéry Giscard d'Estaing.

Victime de son caractère autant que du système, il a fait de la présidence l'exercice d'un pouvoir personnel et solitaire, vindicatif, que nombre de ses amis supportaient eux-mêmes de plus en plus mal sans trop oser le lui dire.

Puisse son successeur en tirer la leçon. Le pouvoir isole et le clan plus encore. Le mépris, un jour ou l'autre, provoque le mépris.

L'échec est aussi celui de l'irréalisme. Le président s'est comporté comme s'il n'était pas l'homme du passé, alors que son Premier ministre, qui aurait au moins pu parler de la défense du franc, était rejeté dans la coulisse. Le président sortant, tout à la fois satisfait et sûr de lui, plaidait cependant coupable pour le chômage et l'inflation sans rien proposer de sérieux pour y mettre un frein. Lui qui aimait flatter l'intelligence des Français les prenait pour des sots en agitant les vieux épouvantails de la peur. [...]

La défaite, enfin, c'est au bout du compte celle d'une certaine politique économique et sociale, ressentie à la fois comme injuste et inefficace. Cela a été dit, redit et démontré tant à droite qu'à gauche. Encore n'a-t-on guère parlé, au cours de la campagne, des atteintes graves portées à l'indépendance de l'information, de la justice, de l'Université, et parfois de la haute administration.

L'avenir immédiat, ce sont les élections législatives, dont le président vaincu a eu bien tort de faire un autre épouvantail, comme si les électeurs détestaient voter, comme si tôt ou tard le jeu normal, la double nature, présidentielle et parlementaire, de la Constitution ne risquaient pas de conduire à la dissolution de l'Assemblée.

L'avenir, ce n'est pas seulement celui de la gauche retrouvée. Ses dirigeants commettraient une erreur en pensant qu'elle est devenue nettement majoritaire dans le pays. Elle ne l'était pas au premier tour sans les écologistes. Elle ne l'a été apparemment au second que grâce à ceux qui ont éprouvé une lassitude à l'égard d'un pouvoir aussi satisfait que vain. Un phénomène de rejet s'est incontestablement produit dans bien des milieux modérés et gaullistes à l'égard du président sortant. Pour ceux qui, en votant Mitterrand, ont entendu signifier qu'ils ne voulaient pas du retour de Giscard, le recours sera Chirac.

L'avenir, c'est enfin et surtout la politique que M. François Mitterrand, son gouvernement et sa majorité appliqueront pour redonner l'élan à l'économie française et l'espoir aux Français. En vingt ans, en sept ans, la France a changé moralement et sociologiquement : le nombre et le poids des salariés se sont accrus, et notamment celui des femmes au travail ; la jeunesse a été la première victime du chômage, de la résignation, du désespoir face à un avenir sans joie. C'est à eux qu'il faut, sans démagogie, redonner l'espoir et la dignité.

Le manifeste socialiste, qui seul engage le président élu et que le président battu s'est employé en vain à confondre avec le projet socialiste, constitue moins une base de départ aux futures négociations entre les éléments de la nouvelle majorité que le maximum qu'elle peut et doit adopter si elle veut maîtriser l'inflation. Encore faudra-t-il établir un strict calendrier. On ne peut, on ne pourra tout faire à la fois.

S'il dominait sa défaite, M. Giscard d'Estaing donnerait sa démission sans attendre le 25 mai afin qu'avec M. Poher, président intérimaire, et M. Barre, les collaborateurs de M. Mitterrand préparent la transition et prennent, s'il le faut, les mesures de sauvegarde nécessaires. Ce n'est plus au président sortant, contrairement à ce qu'il a dit, de s'occuper des intérêts essentiels du pays. C'est à son successeur. De Gaulle, en 1969, est parti le lendemain de sa défaite, à midi.

Quant au président élu, il a montré, dès le premier instant, qu'il dominerait sa victoire. [...]

Dominer sa victoire, c'est écouter la nation dans toutes ses composantes, ses professions et ses provinces : c'est se garder de tout esprit de parti, de toute démagogie et de toute précipitation, tout en satisfaisant en priorité les besoins des plus défavorisés. Dominer sa victoire, c'est enfin respecter l'opposition.

Le pays ne veut plus ni de l'arbitraire ni de l'arrogance.

Jacques FAUVET

V

1988 :

UNE ÉLECTION PRÉSIDENTIELLE APRÈS UNE PREMIÈRE EXPÉRIENCE DE COHABITATION

François Mitterrand hésite à se présenter, il redoute l'échec ou craint de voir la mort interrompre ce nouveau septennat. Face à ces hésitations, Michel Rocard se sent prêt, son équipe aussi, mais s'il mobilise les socialistes et anime cette précampagne, c'est finalement au service du futur candidat Mitterrand. Au début de l'année 1988, les sondages donnent 40 % des voix au président de la République. Quinze points de plus que Raymond Barre et 20 de plus que Jacques Chirac.

À droite, à la fin de l'année 1987, Raymond Barre est le favori, la cote de Jacques Chirac, alors Premier ministre, est à la baisse. Mais il n'est pas encore entré en campagne... Tout change au début du printemps, 60 000 Parisiens viennent applaudir Johnny Hallyday et Jacques Chirac. La machine du RPR est en marche. Raymond Barre n'a ni le caractère, ni l'appareil politique, ni les moyens financiers pour s'y opposer.

Le 22 mars, un mois et deux jours avant le premier tour, François Mitterrand annonce sa candidature à la télévision[1]. Désormais et pendant encore deux mois, le président de la République et son Premier ministre doivent gouverner ensemble, cohabitation oblige, et s'affronter sur les estrades et par médias interposés. Raymond Barre est exclu de ce duel. À la veille des élections présidentielles de 2002, il conclura cet épisode de sa vie politique par ces mots : « J'aurais pu faire mieux »[2].

Neuf candidats se présentent aux suffrages de plus de 38 millions d'électeurs.

---

1. En 1965, le général de Gaulle avait présenté sa candidature un mois et deux jours avant le premier tour.
2. Sur France-Inter, le 21 novembre 2001.

Les candidats

Ceux qui visent le pouvoir

Le style épistolaire et l'éclat du clip

M. MITTERRAND a choisi la sobriété. Ses conseillers en communication militaient pour qu'il mène une campagne de style impérial-unioniste, rassembleuse et appuyée sur la dignité de la fonction. Mais le chef de l'État, devenu président-candidat le 22 mars, a mis cette belle construction par terre, dès sa première déclaration, à Antenne 2, en marquant bien qu'il entendait être autant candidat que président. Il s'est rapidement dépouillé d'une part «*des ors et des oripeaux*» de la fonction, ainsi que le recommandait M. Lionel Jospin.

Il n'avait prévu que quatre meetings pour le premier tour (Rennes, Lyon, Montpellier, Le Bourget) et deux pour le second (Lille et Toulouse). Ses interventions à la radio et à la télévision devaient être rares.

À ce programme, M. Mitterrand, ressentant le besoin de mener une campagne plus active que prévu, a ajouté un meeting entre les deux tours (Strasbourg), un déplacement rapide aux Antilles après le premier tour, une visite à Marseille avant le 24 avril et quelques sorties impromptues (à Créteil pour jouer au frisbee, devant les experts du Parti socialiste puis devant des équipes de chercheurs, à l'université de Villetaneuse, devant son état-major de campagne, dans un restaurant du Pré-Saint-Gervais, avec les dirigeants socialistes, etc.). De la radio et de la télévision, il n'a rien négligé ou presque, contrairement à ses intentions premières.

M. Mitterrand aura fait preuve d'originalité en distrayant une dizaine de jours sur son temps de campagne pour s'atteler à la rédaction de sa *Lettre à tous les Français*. Il comptait adresser ses cinquante-neuf feuillets dactylographiés à tous les foyers du pays. Mais, a-t-il dit ensuite, une telle opération aurait coûté 60 millions de francs et il «*ne les avait pas*». L'originalité n'est pas toujours immédiatement payante.

Peu nombreux sans doute auront été les Français qui ont lu, de bout en bout, cet immense message publié, sous forme de pages publicitaires, par vingt-trois quotidiens de province et deux quotidiens nationaux, pour un coût total de 13 millions de francs. La lettre n'a pas eu le succès escompté malgré les efforts du Parti socialiste qui l'a tirée à trois millions d'exemplaires.

De meeting en meeting, le président sortant a développé chacun des thèmes de ce texte, en insistant chaque fois sur l'Europe, la recherche, la paix et le désarmement, la solidarité et la justice sociale, la lutte contre les exclusions (immigrés, nouveaux pauvres, Nouvelle-Calédonie), les droits des femmes et, selon l'endroit et les auditoires, les enseignants, les rapatriés, l'agriculture. M. Mitterrand a parfois cédé aux lois du genre – caresser son électorat dans le sens du poil – mais jamais cette technique électorale obligée n'a pris le pas sur le reste.

Le décor et l'ordonnance des meetings étaient sobres : un clip de quatre-vingt-dix secondes qui retrace l'histoire de la France dans le monde depuis la Révolution de 1789 ; une entrée en majesté, entouré de jeunes gens et de jeunes filles, à 20 heures tapantes, un fond de scène composé de drapeaux tricolores frémissant sous l'effet d'une soufflerie. En 1974, on chantait *L'Internationale* sous les voûtes du palais des Sports ; en 1981, l'hymne socialiste, et, en 1988, *Douce France*, avec l'aide de Charles Trenet. La musique a suivi l'évolution du personnage.

Le coût de la campagne

Côté dépenses, la campagne dont s'est occupé le trésorier, M. Henri Nallet, comportait comme postes principaux les locations de panneaux d'affichage (20 millions de francs) et l'organisation des meetings (la même somme). Le coût d'impression des affiches est estimé à 3 millions de francs. Il faut y ajouter la publicité pour la *Lettre à tous les Français* (13 millions de francs).

Cinq millions de francs pour les films et les clips, 7 millions de francs pour les rémunérations des agences de publicité bouclent l'essentiel du budget publicité-propagande électorale ; 20 millions de francs pour six grands meetings. Trois masses de 4 millions de francs étaient encore inscrites dans la comptabilité prévisionnelle. La première couvrait les déplacements du candidat et des états-majors. La deuxième finançait des actions sectorielles (auprès des Français de l'étranger par exemple). La dernière servait à payer les dépenses concernant les locaux de l'avenue Franco-Russe.

Pour l'ensemble de la campagne, le trésorier de M. Mitterrand prévoyait donc de recevoir et de dépenser de 82 à 85 millions de francs. À compter du 12 mars, en tout cas, puisque la loi sur le financement de la vie publique ne s'applique que depuis cette date.

Le trésorier de campagne attendait 10 millions de francs des souscriptions publiques, et autant des entreprises. Le Parti socialiste a fourni 18 millions de francs, les parlementaires 5 millions et les autres élus autant.

Les équipes qui ont entouré le candidat Mitterrand étaient réparties entre l'Élysée (Jean-Louis Bianco, Jacques Attali, Jean Glavany notamment), le Parti socialiste et l'avenue Franco-Russe, siège de l'état-major. Ce dernier était animé par Pierre Bérégovoy et Christian Sautter, qui fut secrétaire général adjoint de l'Élysée entre 1982 et 1985. Ont également largement contribué à «alimenter» le candidat les experts du Parti socialiste réactivés en juin 1986 par M. Lionel Jospin et dont l'animation était assurée par M. Claude Allègre, ancien directeur de l'Institut de physique du globe de Paris. Ils ont notamment été mis à contribution lorsque M. Mitterrand a rédigé sa *Lettre*. La communication a été confiée au publicitaire Jacques Séguéla, à Jacques Pilhan (publicitaire) et Gérard Colé (conseiller à la présidence de la République).

Jean-Yves LHOMEAU

Jacques Chirac : un curriculum pressé

Sans doute parce qu'ils ignoraient que les régiments de chasseurs d'Afrique faisaient partie, eux aussi, de la cavalerie légère – et peut-être également pour trouver une comparaison plus héroïque et plus imagée –, les commentateurs ont fréquemment vu en M. Jacques Chirac un «hussard» chargeant sabre au clair. C'est pourtant bien au sixième RCA que le sous-lieutenant Chirac, sorti major de Saumur après avoir été reçu onzième à l'Ena, sert pendant un an dans les djebels de la guerre d'Algérie en 1956-1957. Parisien de naissance (le 29 novembre 1932), Corrézien de souche, fils d'un cadre de la banque puis de l'industrie, époux d'une condisciple de Sciences-Po, née Bernadette Chodron de Courcel, père de deux filles, Laurence et Claude, l'énarque auditeur à la Cour des comptes peut espérer une brillante carrière administrative et même rêver du poste de secrétaire général de l'aviation civile.

Le hasard et les amis en décident autrement. Un passage dans un cabinet ministériel peut toujours être utile à un technocrate jeune et ambitieux. Chez Georges Pompidou en 1962 on remarque vite ce modeste chargé de mission déjà si entreprenant. Et lorsque le Premier ministre veut lancer quelques «jeunes loups» à l'assaut des bastions de la gauche dans le

Massif central, Jacques Chirac est de la meute. Sa victoire inespérée en Corrèze en 1967 ne l'oblige cependant pas à siéger sur les bancs du Palais-Bourbon puisque, aussitôt, il devient secrétaire d'État à l'emploi. Dès lors sa carrière prend un tour nouveau : le pouvoir à Paris, les « racines » en Corrèze. Il restera au gouvernement sans interruption jusqu'en 1976 et ne quittera alors les palais ministériels que pour s'installer l'année suivante à l'Hôtel de Ville de la capitale. Fidèle à son département, il en sera constamment l'un des députés, en présidera même le conseil général en 1970 et continuera de se faire élire dans le canton de Meymac.

En faveur de Valéry Giscard d'Estaing

Entré en politique grâce à Georges Pompidou, c'est la mort de ce dernier qui place, en fait, Jacques Chirac sur l'orbite présidentielle. Ministre de l'Intérieur au moment de la disparition du président de la République, il maîtrise un nombre suffisant de députés « gaullistes » pour faire pencher la balance en faveur du candidat Giscard d'Estaing au détriment de celui de son propre parti, Jacques Chaban-Delmas, qu'il jugeait incapable de s'opposer à la poussée du candidat socialiste, François Mitterrand. Il devient donc en 1974 Premier ministre du nouveau président. Chef de l'UDR, fondateur du RPR en 1976 après avoir volontairement quitté ses fonctions gouvernementales faute de « *moyens* » suffisants pour agir, M. Chirac poursuit son cursus qui le conduit naturellement à briguer le mandat présidentiel. Son galop d'essai du 26 avril 1981 ne lui permet obtenir que 18 % des voix, mais l'élimination de M. Giscard d'Estaing par M. Mitterrand le pose en chef du principal parti de la droite parlementaire et en leader de la nouvelle opposition. Il devient surtout un prétendant plausible, un président possible pour la fois suivante. Cette perspective va guider son comportement durant tout le septennat de M. Mitterrand pendant lequel il se campera en candidat évident. Toutefois, M. Chirac ne cherche pas alors à unifier l'opposition sous sa bannière et, malgré la facilité qu'il aurait eue à la réaliser, le président du RPR ne tente aucune « OPA » sur l'UDF. Il ne tentera donc pas de devenir le candidat unique de l'opposition, préférant laisser l'UDF se relever de la défaite de Valéry Giscard d'Estaing et œuvrer à une coopération des deux formations de la droite. Selon le principe qu'il vaut mieux « ratisser large », M. Chirac, pendant les premières années du septennat Mitterrand, renforce donc ses bases.

À la Ville de Paris, où le mandat qu'il détient depuis 1977 est renouvelé en 1983, son autorité est renforcée puisque « sa » majorité y emporte tous les arrondissements. Il fait de l'Hôtel de Ville de la capitale le bastion d'une opposition d'où il s'efforce de traiter de puissance à puissance avec le chef de l'État. Réciproquement respectueux, leurs rapports se transforment en guerre ouverte lorsque Gaston Defferre, ministre de l'Intérieur du gouvernement Mauroy, décide avec la caution de M. Mitterrand de transformer le régime électoral avec la fameuse loi « PLM » (Paris-Lyon-Marseille).

Au Parlement, M. Chirac est aidé par un « quarteron » de jeunes députés RPR et UDF qui ferraillent jour et nuit contre les projets du gouvernement, non dans l'espoir vain de les empêcher, mais pour montrer la vigueur de l'opposition.

À travers le pays enfin, le président du RPR développe l'implantation de son parti et celle de ses alliés en livrant une campagne électorale quasi permanente qui leur permet de remporter des succès appréciables aux élections municipales et cantonales. L'enracinement provincial est une des leçons que la droite a apprises de la gauche. Mais cette véritable croisade se heurte aux ambitions concurrentes de l'extrême droite, qui exploite à son profit le sentiment d'insécurité et l'afflux des immigrés. La « bavure » de l'élection municipale partielle de Dreux en 1983, où la droite classique s'allie au Front national, sera largement dénoncée par la gauche, bien que M. Chirac n'y ait pas été personnellement mêlé et qu'il ait refusé avec constance et obstination tout accord national avec le parti de M. Le Pen.

Alors que M. Giscard d'Estaing « *jette la rancune à la rivière* » et se réconcilie de façon ostensible avec M. Chirac, ce dernier perd le monopole de l'opposition avec l'habile montée en puissance de M. Raymond Barre. La droite est désormais diversifiée, à défaut d'être réellement éclatée. Dès lors M. Chirac multiplie les efforts pour que RPR et UDF unissent leur action afin de s'opposer totalement au Parti socialiste et, le cas échéant, au Front national. L'alternance parlementaire après l'alternance présidentielle devient plausible à l'approche des élections législatives en 1986.

[...]

La cohabitation

Dès lors, la « cohabitation » conceptualisée dès 1983 par Édouard Balladur est envisagée malgré l'opposition de Raymond Barre.

En raison de la percée du Front national qui obtient 35 sièges, la victoire de l'opposition aux élections législatives est moins large qu'escomptée.

Le chef du parti vainqueur devient naturellement Premier ministre. Jacques Chirac, toujours dans le souci de rassembler la majorité en vue de la prochaine épreuve, associe à son gouvernement les chefs de tous les partis de la coalition et commence à mettre en application le programme électoral de celle-ci en imposant un rythme soutenu de réformes.

L'approche de l'élection présidentielle crée naturellement des tensions au sein de l'équipe gouvernementale, mais celles-ci sont toujours circonscrites à temps. Il est vrai que les ministres centristes et membres du Parti républicain apportent, après beaucoup d'hésitations pour ces derniers, leur soutien à la candidature élyséenne de M. Barre, tandis que le RPR se range derrière M. Chirac, rejoint par le Centre national des indépendants. Il a fallu dans les derniers mois du septennat beaucoup de talent, de patience et de maîtrise, tant à M. Chirac qu'à M. Mitterrand, pour maintenir à la « cohabitation » son apparence et sa dignité tandis que se développait la campagne électorale.

André PASSERON

Raymond Barre : le sillon du laboureur solitaire

On l'a dit et répété, et lui-même s'en est toujours flatté : Raymond Barre est entré par effraction en politique. Par la petite porte, en 1959, à 35 ans, le professeur d'université, l'économiste distingué effectue un premier pas dans la vie politique dans l'ombre du cabinet du ministre de l'Industrie de l'époque, le gaulliste Jean-Marcel Jeanneney. Par la porte européenne ensuite, en tant que vice-président de la Commission des communautés européennes pendant cinq années bien remplies (1967-1972), Raymond Barre s'y fait remarquer en France, en Europe, comme sur les autres continents. En 1968, de Gaulle l'appelle en consultation sur l'opportunité d'une dévaluation du franc. Valéry Giscard d'Estaing, ministre de l'Économie, a aussi consigné son nom sur ses tablettes. Petite traversée du désert. En 1976, Giscard d'Estaing, devenu président, se souviendra de lui. Dès lors tout ira très vite. Le 12 janvier 1976, il est nommé ministre du Commerce extérieur, huit mois plus tard, Premier ministre, pour succéder à Jacques Chirac, qui vient de claquer brutalement la porte de Matignon, et, dans la foulée, intronisé par le président comme le « *meilleur écono-miste de France* ». Ce furent, jusqu'à mai 1981, cinq longues années pour celui qui, entre-temps, est devenu en 1978 député du Rhône et lyonnais d'adoption. Des années périlleuses dans un pays frappé de plein fouet par la crise pétrolière, des années compliquées à la tête d'une majorité minée de l'intérieur par un RPR plus que turbulent.

[...]

Comment prétendre rassembler quand votre propre famille est désunie ? Comment envisager la victoire lorsqu'on se prive des supports naturels et indispensables d'une campagne élec-torale ? L'opinion l'a perçu. Trop souvent, Raymond Barre lui est apparu comme un homme seul, attendant trop que les Français viennent à lui, peu tenté d'aller au-devant d'eux.

En deux mois de campagne électorale, Raymond Barre, de ce point de vue, aura sans doute beaucoup plus appris qu'en douze ans de vie publique. Alors que, généralement, on pen-sait que sa défaite sonnerait l'heure de sa retraite à Saint-Jean-Cap-Ferrat, l'ancien Premier ministre, qui avait vu de justesse s'éloigner la menace de la « chabanisation », manifestait son intention de rester sur la scène politique. Son capital de confiance est demeuré miraculeusement intact. L'âge de Fran-çois Mitterrand ne lui coupait pas tout espoir. Il était décidé au lendemain du premier tour à s'installer à nouveau dans le rôle de l'homme providentiel et du recours qu'il eut l'occasion de jouer au moment de la crise estudiantine de fin 1986 et du krach boursier l'année suivante. À 64 ans, était-il prêt pour autant à faire ce qu'il a toujours refusé de faire : organiser sa base électorale, devenir le père spirituel d'une grande forma-tion centriste et libérale, régénérée, sur les décombres de l'UDF et ouverte vers les socialistes ? Telle était la question posée au terme de la campagne présidentielle de 1988 à l'homme qui, tous les sondages l'avaient montré, était au départ le mieux armé pour contenir la vague mitterrandienne.

Daniel CARTON

Jean-Marie Le Pen : Tribun, showman et évangéliste...

Une longue campagne pour un petit parti. Le 26 avril 1987, M. Jean-Marie Le Pen annonce, à La Trinité-sur-Mer, sa can-didature à l'élection présidentielle. Un défilé sur la Canebière à Marseille donne le coup d'envoi de sa campagne. Un an plus tard, c'est dans cette même ville, devant vingt mille supporters rassemblés dans le stade vélodrome, que le président du FN tiendra son dernier meeting en province.

Ce marathon, qui aurait pu essouffler prématurément les troupes lepénistes, a plutôt servi le leader d'extrême droite. À force de marteler ses messages, de plage en meeting, de radio en télévision, l'ancien député poujadiste a réussi son insertion dans le décor politique français.

Première étape de sa campagne : la tournée des plages de l'été 1987. Elle recueille un succès mitigé. Les Français préfèrent savourer leurs vacances d'une année sans élections, plutôt que de suivre la caravane Le Pen, animée par l'un de ses lieutenants, M. Roger Holeindre. Dans le même temps, les murs de Paris se couvrent d'une affiche où l'on voit le leader du Front national devant une énorme vague bleue, symbole de son ambition électorale : «*Les Français à l'Élysée.*»

Après le rodage, sur le sable et à l'air marin, le Front national passe, au mois de décembre 1987, à la deuxième étape : meetings payants à travers toute la France, avec M. Le Pen en vedette, dîners-débats animés par l'équipe de campagne, les premiers pour mobiliser les sympathisants et les militants, les seconds pour soigner les notables et les relais d'opinion. La deuxième vague d'affichage démarre au mois de mars. Le FN veut jouer la carte de l'humour. Cinq mille affiches se déploient sur les panneaux avec le texte suivant : «*François?... Jacques?... Raymond?... Merci, on a déjà donné!... Jean-Marie, président!*» [...]

M. Jean-Marie Le Pen joue à fond la carte du «petit» contre les «gros» de «l'établissement». [...]

«Petite cote, gros rapport», clame-t-il sur les estrades. Ces estrades que, depuis le congrès de Nice du mois de janvier 1988, il arpente de long en large, avec un micro-cravate.

Divine surprise

À mi-chemin entre les télévangélistes américains et un Coluche d'extrême droite, le président du FN se livre à d'étonnants numéros, apostrophant la salle, se livrant à des imitations caricaturales de ses adversaires, racontant force fables et histoires, tournant en dérision la «bande des quatre» et jouant à n'en plus finir sur les ressorts de l'immigration, de l'insécurité et du SIDA. Parallèlement, il développe l'idée selon laquelle la providence veillerait sur lui dans cette campagne. Bref, «la divine surprise» est attendue pour le soir du 24 avril [...]

Le financement de la campagne est assuré en partie par les entrées payantes aux meetings (30 F), mais également grâce à des soutiens financiers divers, certains anonymes, d'autres moins, comme ceux venant du marquis François d'Aulan, P-DG des champagnes Piper-Heidsiek, ou de la baronne Bich. Enfin, des fonds venant de la secte Moon auraient été acheminés des Philippines par le député Pierre Ceyrac, responsable de CAUSA, appendice de la secte.

Pierre SERVENT

Le premier tour

Le 22 avril, à deux jours du premier tour, la brigade de gendarmerie de Fayaoué, sur l'île d'Ouvéa (Nouvelle-Calédonie) est attaquée par un groupe du FLNKS. Quatre gendarmes sont tués, 27 autres sont pris en otages. En cette fin de campagne, la question du statut de la Nouvelle-Calédonie éclate par surprise mais influe peu sur les résultats du premier tour si ce n'est en renforçant un peu plus le courant extrémiste de Jean-Marie Le Pen qui fait un score exceptionnel.

1er tour de l'élection présidentielle de 1988

Inscrits	38 128 507
Votants	31 027 972
Abstentions	7 100 535 (18,62 %)
Blancs ou nuls	621 934 (2 %)
Suffrages exprimés	30 406 038

François Mitterrand	Nombre de voix obtenues 10 367 220
	Suffrages exprimés (%) 34,09
	Pourcentage des inscrits 27,19

Jacques Chirac	Nombre de voix obtenues 6 063 514
	Suffrages exprimés (%) 19,94
	Pourcentage des inscrits 15,90

112

Raymond Barre	Nombre de voix obtenues 5 031 849 Suffrages exprimés (%) 16,54 Pourcentage des inscrits 13,19
Jean-Marie Le Pen	Nombre de voix obtenues 4 375 894 Suffrages exprimés (%) 14,39 Pourcentage des inscrits 11,47
André Lajoinie	Nombre de voix obtenues 2 055 995 Suffrages exprimés (%) 6,76 Pourcentage des inscrits 5,39
Antoine Waechter	Nombre de voix obtenues 1 149 642 Suffrages exprimés (%) 3,78 Pourcentage des inscrits 3,01
Pierre Juquin	Nombre de voix obtenues 639 084 Suffrages exprimés (%) 2,10 Pourcentage des inscrits 1,67
Arlette Laguiller	Nombre de voix obtenues 606 017 Suffrages exprimés (%) 1,99 Pourcentage des inscrits 1,58
Pierre Boussel	Nombre de voix obtenues 116 823 Suffrages exprimés (%) 0,38 Pourcentage des inscrits 0,30

La mutation de l'électorat féminin

Les femmes privilégient la gauche « légitimiste » et résistent au vote « exutoire » d'extrême droite

Nette préférence accordée à François Mitterrand (37 % contre 31 % des hommes selon BVA), plus grande résistance au vote « exutoire » d'extrême droite (10 % contre 17 % chez les hommes), tels sont, au soir du 24 avril 1988, les deux traits distinctifs de l'électorat féminin. Si ces choix étaient déjà largement inscrits dans le vote du 16 mars 1986, les Françaises ont confirmé, en les amplifiant, les options prises deux ans auparavant.

Des intentions de vote formulées pour le second tour, on pouvait inférer que le candidat-président était en position d'obtenir un second mandat grâce aux femmes – au soir du premier tour, elles disaient en tout cas vouloir voter majoritairement pour lui le 8 mai.

Quel changement, quand on se souvient que François Mitterrand avait perdu à cause d'elles l'élection présidentielle de 1965 (seules 39 % des Françaises s'étaient prononcées en sa faveur au second tour, contre 51 % des hommes), comme il avait perdu celle de 1974 (46 % des suffrages féminins, contre 53 % des suffrages masculins).

François Mitterrand a fait le plein des voix féminines au sein de catégories « phares », qui avaient déjà privilégié le PS en 1986. Chez les moins de 25 ans, 45 % des filles ont voté pour lui, contre 27 % des garçons. Parmi les étudiants, 43 % d'entre elles lui accordent la préférence (24 % des hommes). Enfin, c'est aussi et surtout dans le monde du travail que le président sortant recrute ses électrices : 40 % des femmes actives lui ont exprimé leur confiance (34 % des femmes au foyer).

Mise en évidence lors des législatives de 1978, la corrélation entre l'orientation des femmes à gauche et leur participation à la vie économique est désormais un élément marquant du paysage électoral[1]. Parmi les actives, les ouvrières, les employées et les cadres moyens forment le gros de la clientèle mitterrandienne, en votant plus souvent que les hommes pour le candidat socialiste. Même au sein des professions libérales, traditionnellement orientées à droite, celui-ci a été soutenu par 34 % des femmes et 19 % seulement des hommes.

---

1. Cf. sur ce point : Mossuz-Lavau (Janine), Sineau (Mariette), *Enquête sur les femmes et la politique en France*, Paris, PUF, 1983 (collection « Recherches politiques »).

Alors que François Mitterrand a su attirer les franges en expansion de l'électorat féminin ainsi que les jeunes, alors qu'il a su conserver le vote des « travailleuses », il a réussi dans le même temps à mordre sur certains groupes d'électrices plus conservatrices. Ralliement aux idées socialistes, ou « légitimisme », les 50-64 ans ont voté plus souvent que les hommes du même âge en faveur du président sortant. Enfin, ce dernier a mobilisé les chômeuses : 45 % lui ont donné leurs voix, contre 35 % des chômeurs, plus portés qu'elles à se ranger derrière Jean-Marie Le Pen. Fait d'importance, enfin : l'ensemble des femmes ont manifesté une plus grande fidélité à la famille socialiste (83 % des électrices PS de 1986 ont appuyé François Mitterrand le 24 avril, contre 76 % des électeurs).

Alors qu'elles sont plus souvent que les hommes frappées par les effets de la crise, les femmes se refusent plus qu'eux à voter pour le Front national. Certes, les plus lepénistes d'entre elles appartiennent aux catégories les plus menacées – « *Notre terreau, c'est la crise* », a déclaré Jean-Pierre Stirbois ; on note 17 % de vote Le Pen chez les chômeuses, soit chez ces dernières une progression de 9 points par rapport à 1986 – ou encore les plus isolées (15 % des femmes au foyer ont voté extrême droite). Pourtant, elles restent toujours en retrait des tendances lepénistes manifestées par les hommes en situation de désarroi identique. En outre, le populisme du Front national connaît des limites sérieuses chez les femmes : il ne polarise que 9 % des suffrages des ouvrières et 11 % de ceux des employées, contre respectivement 17 % et 21 % chez les hommes.

Ce que les femmes rejettent vraisemblablement, c'est l'antiféminisme primaire du Front national (suppression de l'avortement légal, « retour à la maison » avec octroi d'un salaire maternel…). Les plus antilepénistes d'entre elles se trouvent dans les groupes les moins propres à appuyer une idéologie qui s'avère aussi sexiste que xénophobe : les moins de 21 ans – 9 % de votes Le Pen, contre 16 % chez les garçons du même âge –, les étudiantes, les actives d'une façon générale.

Cette nouvelle orientation du vote féminin va-t-elle perdurer dans les années à venir ? Après tout, la personnalité des hommes n'aurait-elle pu largement « guider » les choix : au charme d'un père-président particulièrement attractif pour les femmes répondraient les effets repoussoirs de la virilité guerrière affichée par Jean-Marie Le Pen ? Deux types d'arguments plaident pour la thèse d'une mutation structurelle de l'électorat féminin. Tout d'abord, les Françaises ont été, depuis quarante

ans, au cœur des plus grands changements de société : tertia-
risation, salarisation des emplois, démocratisation de l'enseignement supérieur (aujourd'hui, 57 % des bacheliers et 52 %
des étudiants sont des filles). Un tel bouleversement ne peut
manquer de peser lourd sur le comportement des nouvelles
générations. Par ailleurs, la comparaison avec l'étranger montre
que le « gender-gap » – cette inversion des différences de comportement entre hommes et femmes – est loin d'être un phénomène spécifiquement français.

Désormais, en Scandinavie comme aux États-Unis, ce sont
les femmes qui penchent du côté des « progressistes » (sociaux-
démocrates ou démocrates), les hommes du côté des conservateurs.

Janine Mossuz-Lavau et Mariette Sineau

Entre les deux tours…

*Le 28 avril, 30 millions de téléspectateurs sont installés devant
leur écran pour assister au match Mitterrand-Chirac. Le débat
tourne au règlement de compte. Le mythe de la cohabitation s'ef-
frite un peu plus.*

*Le 4 mai, Jean-Paul Kauffmann, Marcel Carton et Marcel Fon-
taine, enlevés à Beyrouth le 22 mars 1985, sont libérés. Ce jour-
là, Jacques Chirac tient meeting à Strasbourg, il annonce la
nouvelle. Le 5 mai, il accueille les trois otages à leur arrivée
en France. Pour certains journalistes, cette libération exprime
le choix des autorités iraniennes pour le candidat Jacques
Chirac.*

*Ce même 5 mai, en Nouvelle-Calédonie, les otages détenus par
des militants du FLNKS sont libérés au cours d'un assaut. Bilan
de « l'opération Victor » : dix-neuf Canaques et deux gendarmes
tués. Une polémique s'engage sur les circonstances de cette tue-
rie entre les deux candidats à la présidence.*

*Le 6 mai, la capitaine Dominique Prieur, condamnée dans l'af-
faire du* Rainbow Warrior *et assignée à résidence en Polynésie,
revient en métropole. François Mitterrand apprécie peu, Jacques
Chirac a le sentiment d'avoir fait une bonne action…*

*Le dimanche 8 mai, jour du second tour de l'élection du pré-
sident de la République au suffrage universel, François Mitterrand et Jacques Chirac se retrouvent côte à côte pour la
cérémonie de l'anniversaire de l'Armistice de 1945.*

François Mitterrand est élu pour un second septennat

Le 10 mai, selon l'usage mais sans être une obligation constitutionnelle, Jacques Chirac remet sa démission et celle du gouvernement au président de la République. Ce même jour, en fin d'après-midi, Michel Rocard est nommé Premier ministre et l'on s'oriente vers une dissolution de l'Assemblée nationale et de nouvelles élections législatives.

Les résultats

	Total		
Inscrits	38 081 919		
Votants	32 039 012	(84,17 %)	
Abstentions	6 022 907	(15,82 %)	
Blancs ou nuls	1 169 740	(3,86 %)	
Suffrages exprimés	30 889 272		

CANDIDATS	Nombre de voix obtenues	% Suffr. expr.	% Inscrits
FRANÇOIS MITTERRAND	18 676 336	54,02	43,81
JACQUES CHIRAC	14 192 937	45,87	37,28

Résultats complets moins la Polynésie

La victoire de M. Mitterrand, une mobilisation tranquille

L'hymne au rassemblement a rythmé la campagne électorale. Air connu du répertoire, de la mythologie politique, il a servi, au soir du 8 mai, pour interpréter les 54 % de suffrages recueillis par M. François Mitterrand. Il est vrai que ce très bon score conduit à s'interroger sur la nature du processus électoral qui a permis au président sortant de voir renouveler son mandat. Quel sens donner à cette idée de rassemblement ? Au soir du 8 mai, la France s'est-elle retrouvée unie ? Certes non. Le scrutin du second tour a confirmé que les oppositions entre la gauche et la droite n'ont pas disparu par enchantement. Comme le laissaient prévoir les résultats du 24 avril, la polarisation des électorats de M. Jacques Chirac et de M. Mitterrand correspond à des clivages sociologiques et idéologiques très marqués.

Les oppositions sociologiques mises en lumière à la fin des années 1970 continuent de produire leurs effets politiques *(tableau 1)*. En 1988, M. Mitterrand recueille, comme en 1981, ses meilleurs scores chez les salariés des secteurs public (74 %) et privé (59 %), chez les moins de 50 ans, les plus détachés de la religion catholique. À l'inverse, M. Chirac réussit mieux chez les travailleurs indépendants (69 %), les plus de 50 ans et les catholiques pratiquants.

Si le candidat de gauche continue de profiter de la salarisation de la société française, du soutien massif des ouvriers (74 %), et des classes moyennes salariées (environ 60 %), l'hostilité à son égard des catégories indépendantes, agriculteurs, artisans, petits commerçants et professions libérales est loin de s'être atténuée. Deux univers professionnels s'opposent le 8 mai 1988.

Par rapport à leurs aînés, les jeunes demeurent plus à gauche, encore faut-il préciser que M. Mitterrand ne réalise pas ses meilleures performances chez les moins de 25 ans (56 %), mais chez les 25-34 ans *(tableau 2)*.

Ces clivages sociologiques renvoient à des oppositions idéologiques. Sur le code de la nationalité, l'impôt sur les grandes fortunes, la politique de privatisation des entreprises publiques ou sur l'option du désarmement, les électeurs de M. Mitterrand et de M. Chirac ont dans l'ensemble des positions divergentes. Et sur l'attitude à adopter à l'égard du phénomène Le Pen, mitterrandistes et chiraquiens réagissent différemment : 24 % des premiers mais 61 % des seconds considèrent que M. Le Pen joue un rôle positif.

Une mobilisation réussie

Rassembler, c'est d'abord mobiliser. Autant il paraissait difficile au Premier ministre (crédité d'à peine plus du tiers des suffrages de droite au premier tour) de rassembler au second tour l'intégralité de celle-ci, autant le chef de l'État paraissait bien placé pour mobiliser l'ensemble de la gauche, dont les trois quarts s'étaient portés sur son nom au premier tour.

La campagne très dure conduite entre les deux tours ravivant la polarisation gauche-droite a contribué à avantager le président sortant. De surcroît, le durcissement du climat politique a suscité la mobilisation à gauche et il n'a pas enrayé les pertes prévisibles sur les deux ailes de M. Chirac : 14 % des électeurs de M. Barre et 25 % des électeurs de M. Le Pen lui ont préféré M. Mitterrand *(tableau 3)*.

La domination du socialisme sur la gauche semble devoir se prolonger aux élections législatives en cas de dissolution rapide. Avec 37 % des intentions de vote, le PS obtiendrait les suffrages de quatre électeurs de gauche sur cinq, proportion jamais atteinte jusqu'ici. À l'inverse, le RPR, crédité aujourd'hui de 24 % d'intentions de vote, ne paraît pas en mesure de mobiliser l'ensemble de la droite, bien que sa position par rapport à ses deux rivaux semble devoir s'améliorer pour cette échéance : il représenterait plus de la moitié des intentions de vote exprimées en faveur de la droite.

Débordant largement les frontières de la gauche, M. Mitterrand a su constituer autour de plusieurs thèmes une majorité qui présente une certaine cohérence politique. Le succès a été bâti sur l'image de « rassembleur », proposant un fonctionnement des institutions équilibré, s'engageant à défendre la justice sociale – double héritage de la cohabitation et du socialisme. Sur ces trois thèmes, M. Mitterrand a marqué un avantage considérable sur son adversaire.

Il s'est appuyé également sur des majorités d'opinions favorables à deux thèmes clés du discours socialiste : rétablissement de l'impôt sur les grandes fortunes et arrêt des privatisations. Les trois quarts de son électorat attendent ces mesures, mais il faut noter le ralliement du tiers de l'électorat de M. Chirac à ces vœux. L'égalitarisme continue bien à colorer la culture politique des Français et leur conversion au libéralisme ne semble pas aussi acquise qu'on avait pu le dire après le tournant de 1983.

Pour autant, les électeurs de M. Mitterrand ne refusent pas la perspective d'ouverture au centre proposée par le président réélu : un sur cinq d'entre eux seulement souhaite la reconstitution de l'union de la gauche, près de la moitié lui préfère une majorité rassemblant les socialistes et des centristes.

Reste à savoir ce qu'ils mettent derrière le vocable vague de « centristes ». Cette volonté d'ouverture au centre ne s'accompagne pas d'un souhait de recomposition politique à partir de l'actuelle Assemblée nationale mais plutôt d'élections législatives rapides.

Enfin, M. Mitterrand a réussi à mobiliser autour de la défense des valeurs républicaines, de la volonté de résistance aux idées d'exclusion de l'extrême droite. Tous les électeurs de M. Mitterrand le 8 mai, qu'ils viennent de l'extrême gauche, de l'écologie, du centre ou de l'abstention, se sont joints aux électeurs socialistes pour exprimer leur opposition radicale au président du FN, à l'exception, bien sûr des lepénistes du 24 avril.

M. Chirac, interpellé à la fois par M. Mitterrand et M. Le Pen, n'a pas pu éviter que ce thème fort de l'extrême droite ne structure le débat politique. D'où l'impossibilité où il s'est trouvé de rassembler les droites : 38 % de ses électeurs estiment que M. Le Pen représente un danger pour la démocratie, mais 58 % pensent le contraire. 55 % des électeurs de M. Chirac qui ont voté pour M. Barre au premier tour perçoivent le phénomène Le Pen comme un danger pour la démocratie.

La combinaison de la poussée de M. Le Pen et des « clins d'œil » de certains dirigeants du RPR a provoqué la réactivation d'une figure classique de mobilisation électorale à gauche :

celle du « *rassemblement des républicains contre leurs adversaires* ». M. François Mitterrand s'est mis en situation de voir jouer en sa faveur ce réflexe traditionnel dans la culture politique de la gauche française.

Dès lors, son adversaire ne pouvait opposer victorieusement à ce processus sa tentative de rassembler contre le socialisme au nom du libéralisme économique.

Mobilisation réussie ne veut pas dire constitution d'un électorat unifié. Les raisons du vote exprimé par les électeurs de M. Mitterrand au second tour diffèrent selon les choix qu'ils avaient effectués au premier tour ; si la majorité d'entre eux ont choisi le président sortant principalement en raison de leur proximité idéologique, près d'un sur cinq n'explique son vote que par la volonté de « *barrer la route à l'autre candidat* ».

Les difficultés de l'unification

Pour eux, c'est par défaut plus que par adhésion que cette décision électorale a été prise. Les électeurs de M. Mitterrand les plus motivés par la volonté de faire obstacle au Premier ministre sont ceux de M. Lajoinie (42 %) : le vote à gauche passe pour eux d'abord par le rejet de la droite. Mais un tiers des autres électeurs ralliés (écologistes, extrême gauche, lepénistes, barristes, abstentionnistes du premier tour) déclarent également avoir voulu surtout « *barrer la route à Jacques Chirac* ».

L'ensemble de ces électeurs ne partagent pas non plus les mêmes attentes en matière de stratégie politique. L'ouverture au centre est accueillie de manière inégalement favorable par les différentes composantes de l'électorat mitterrandiste : les communistes du premier tour récusent massivement tout scénario qui les exclut ; ceux que l'on pourrait appeler les mitterrandistes « pur sucre » sont partagés entre l'alliance au centre et la perspective d'une majorité socialiste ou socialo-communiste.

L'image même des compétences du président réélu est inégale dans son électorat. Sa compétence économique, en particulier, est contestée dans la fraction de son électorat qui avait choisi au premier tour un candidat de droite. Sa crédibilité est discutée lorsqu'il s'agit de la constitution du grand marché européen, et plus encore de la lutte contre le chômage, enjeu majeur pour l'opinion. Même constat sur la question de l'immigration : seuls la moitié des électeurs d'origine barriste et un quart des électeurs ayant voté pour M. Le Pen au premier tour font confiance à M. Mitterrand.

À travers ces deux lectures de la victoire de M. Mitterrand, réussite d'une mobilisation et fragilités d'un rassemblement, on perçoit les incertitudes qui règnent sur les choix stratégiques de l'après-8 mai.

Gérard GRUNBERG, Pierre GIACOMETTI,
Florence HAEGEL et Béatrice ROY

Tableau 1
Profil sociologique des électorats Mitterrand et Chirac

	MITTERRAND	CHIRAC
Ensemble	54	46
Sexe		
Homme	54	46
Femme	54	46
Âge		
18-24 ans	56	44
25-34 ans	65	35
35-49 ans	57	43
50-64 ans	46	54
65 ans et plus	43	57
Profession de l'électeur		
Agriculteur	29	71
Petit commerçant, artisan	37	63
Profession libérale	42	58
Cadre supérieur	46	54
Enseignant et serv. méd. soc.	70	30
Cadre moyen	58	42
Employé de bureau	60	40
Employé de commerce	58	42
Ouvrier	74	26
Personnel de service	74	26
Statut		
Salarié public	74	26
Salarié privé	59	41
À son compte	31	69
Chômeur	62	38
Inactif	46	54
Pratique religieuse		
Catholique pratiquant	33	67
Catholique non pratiquant	56	44
Sans religion	74	26
Autre religion	69	31

Tableau 2
L'évolution de l'électorat de M. Mitterrand

	10 mai 1981[1]	8 mai 1988[2]	Écart 1988/1981
Ensemble	52	54	+ 2
Sexe			
Homme	56	54	− 2
Femme	49	54	+ 5
Âge			
18-24 ans	63	56	− 7
25-34 ans	63	65	+ 2
35-49 ans	51	57	+ 6
50-64 ans	47	46	− 1
65 ans et +	40	43	+ 3

(1) *Source* : Sofres, sondage post-électoral.
(2) *Source* : BVA, sortie des urnes 1988.

Tableau 3
Les transferts de voix entre le 1er et le 2e tour

Les électeurs 1er tour de	Ont voté F. Mitterrand	Ont voté J. Chirac
Boussel + Laguiller + Juquin	91	9
Lajoinie	93	7
Mitterrand	99	1
Waechter	79	21
Barre	14	86
Chirac	3	97
Le Pen	26	74
Abstentionnistes du 1er tour	65	35

Jeunes électeurs : la cuvée 1988

Les générations de jeunes électeurs se suivent et ne se ressemblent pas. Celle de 1981 donnait à François Mitterrand 63 % de ses suffrages, douze points de plus que l'ensemble des électeurs. Parmi celle de 1988, il recueille 56 %, seulement deux points de plus que son résultat national. À cette baisse du score de François Mitterrand s'ajoute un renversement de tendance entre les deux tours qui permet au président de rallier la majorité d'une tranche d'âge qui s'était montrée hostile à la gauche au premier tour. Une majorité absolue (51 %) de ces jeunes électeurs avait en effet voté pour un candidat de droite le 24 avril. Ce retournement, observable dans le reste du corps électoral, prend chez les jeunes une importance plus considérable. Le score de la gauche chez les 18-24 ans croît de douze points entre le premier et le second tour, alors qu'il enregistre une augmentation de huit points chez les plus de 25 ans. Seul l'examen du vote du premier tour permet de saisir les origines de ce mouvement.

L'hétérogénéité du statut social joue un rôle déterminant dans l'explication de la forte variation du vote en faveur de la gauche. Étudiants, chômeurs ou cols blancs, autant de statuts que de comportements qui structurent le vote au premier comme au second tour.

Majoritairement à gauche dès le premier tour, chômeurs et ouvriers ont voté plus nombreux que les autres catégories de 18-24 ans pour des candidats d'extrême gauche. Le score de François Mitterrand le 8 mai atteste du bon report des voix communistes et d'extrême gauche, qui ne suffisent pourtant pas à expliquer une progression de la gauche d'environ onze points dans ces deux électorats. Minoritaire au premier tour, le vote à droite des chômeurs et ouvriers se concentre sur Jean-Marie Le Pen, et se reporte pour moitié, ce qui est décisif, au second tour sur François Mitterrand. Reports qui contrastent avec ceux des ouvriers et des chômeurs de plus de 25 ans, d'abord favorables à Jacques Chirac.

En revanche, chez les cols blancs, la droite est majoritaire le 24 avril. Le poids du vote Le Pen (22 %) compense la faiblesse du score de Jacques Chirac. La place prédominante occupée par le leader du Front national nuit au second tour à Jacques Chirac : 40 % des cols blancs qui s'étaient prononcés pour Jean-Marie Le Pen optent le 8 mai pour François Mitterrand.

Aussi marqués à droite que les cols blancs lors du premier tour, les étudiants se distinguent en revanche par l'importance de leur choix en faveur de la droite traditionnelle. Près d'un étudiant sur deux a voté pour Raymond Barre ou Jacques Chirac, 9 % seulement pour Jean-Marie Le Pen. Les étudiants qui au premier tour ont opéré ce choix ont plus que toutes les autres catégories de 18-24 ans voté au second pour

Jacques Chirac. L'emprise de la droite traditionnelle conjuguée à ces reports lepénistes plus favorables ont permis à Jacques Chirac de conserver 92 % des suffrages de droite du premier tour. La progression de François Mitterrand ne s'explique que par le bon report des voix de gauche et écologistes.

Face à l'alternative Chirac/Mitterrand, le comportement des jeunes ne correspond pas uniquement à l'arithmétique des reports de voix. Leurs choix répondent à un certain nombre d'attentes et de préoccupations spécifiques qui les motivent.

La génération précédente avait activement défendu les valeurs du libéralisme culturel (liberté sexuelle, droit à l'avortement). Les 18-24 ans d'aujourd'hui en demeurent de fidèles partisans. Mais l'originalité de la jeunesse de 1988 tient dans sa forte adhésion aux valeurs du libéralisme économique. Ils jugent positivement l'argent (75 % d'entre eux), les patrons (63 %) et la Bourse (62 %).

Partagés sur le rétablissement de l'impôt sur les grandes fortunes, hostiles au désarmement, mais favorables au maintien des conditions actuelles d'acquisition de la nationalité française, les étudiants se distinguent encore par ces positions différentes des actifs et des chômeurs. Leurs attentes à l'égard du prochain président confirment leur ancrage au sein de la droite traditionnelle et leur distance à l'égard de Jean-Marie Le Pen. Actifs et chômeurs, tous plus favorables au second tour à François Mitterrand, se prononcent massivement pour le rétablissement de l'impôt sur les grandes fortunes et pour le désarmement, thèmes clés de la campagne du président au second tour. Mais leur souhait de rendre plus difficiles les conditions d'acquisition de la nationalité française rappelle l'attrait exercé par le leader du Front national sur un certain nombre d'entre eux.

Même s'ils ont préféré François Mitterrand à Jacques Chirac le 8 mai, il reste qu'entre les deux tours les jeunes n'ont pas glissé à gauche. L'analyse du positionnement sur l'axe gauche-droite est significative de la nature même de la « prime » dont a bénéficié le président. Contrairement aux autres catégories d'âge, la progression de François Mitterrand ne va pas de pair chez eux avec une tendance à se situer plus à gauche au second tour. C'est surtout parce que la mécanique des reports s'est grippée au détriment de Jacques Chirac que le renversement des tendances chez les 18-24 ans a été spectaculaire. D'ailleurs, en cas d'élections législatives, une majorité de jeunes électeurs voteraient pour la droite

(48 %, contre 46 % à la gauche) : effet encore du poids important des étudiants. Conséquence aussi de la forte pénétration du Front national chez les jeunes ouvriers et cols blancs : le parti de Jean-Marie Le Pen se voit crédité de plus de 20 % des voix dans ces deux catégories. Partageant le même statut, les 25 ans et plus seraient moins de 10 % à se prononcer ainsi.

Chez les jeunes électeurs, le vote Le Pen n'a pas fini de brouiller la frontière entre la droite et la gauche.

Patrick KLEIN, Bénédicte LEFEUVRE
et Thierry THUILLIER

VI

1995 :

UNE VICTOIRE À L'ARRACHÉ

La campagne électorale commence réellement à la fin de l'automne 1994 lorsque Jacques Chirac, lors d'un voyage dans le Pas-de-Calais, se pose en candidat à la présidence de la République. On lui donne plus de chances qu'en 1988. Face à lui, à gauche, le nom de Jacques Delors revient sans cesse et les sondages de la fin de l'année 1994 le donnent vainqueur. Pourtant, il se récuse.

Au début de l'année 1995, les socialistes n'ont toujours pas de candidat tandis qu'à droite Édouard Balladur se met sur les rangs. Les deux dirigeants du RPR s'engagent dans un combat fratricide et la gauche piétine. Il faut attendre février 1995 pour que les socialistes se lancent dans la campagne sous la direction de Lionel Jospin.

Ils sont candidats pour la première fois

Édouard Balladur ou comment ne pas être persan

On croyait le connaître jusqu'au bout des chaussettes. Sa famille, sa carrière, ses réseaux, son patrimoine, ses goûts, ses livres et jusqu'à son écriture, tout avait été raconté, détaillé, analysé. Le favori des Français n'avait même pas besoin de se vendre. Tel qu'il était, il plaisait : sérieux, classique, distant, un peu coincé, un brin ennuyeux mais si digne, si rassurant, si raisonnable. On croyait tout savoir. Et voilà que le Premier ministre ampoulé, bousculé par la campagne, se met à grimper sur les tables, à serrer les mains, à devenir presque agressif, à « faire peuple ». En quelques semaines, Édouard Balladur devient « *Doudou* ». Son rôle, disait-il en 1993, n'était pas de « *faire le clown* ». Il le fait pourtant en 1995 et parvient même

126

presque à convaincre qu'il a pris goût à ce rôle de composition.

Amis ou ennemis, tous le disent : Édouard Balladur n'a cessé de composer son personnage, afin de « *donner de soi l'image construite qui convient à sa fonction* », selon un proche. Qui est le vrai Balladur ? Ses origines sont un sujet tabou. L'histoire des Balladur n'a pourtant rien d'infamant. Né à Smyrne (Izmir) en 1929, d'un père naturalisé français trois ans auparavant, descend-il, comme il le laisse entendre, d'une vieille famille européenne établie depuis des siècles au Levant, ou est-il, comme le dit la rumeur, un « Arménien honteux » ? Enquête faite, le Premier ministre n'est ni l'un ni l'autre. La vieille famille provençale implantée au Levant est une légende, mais il n'y a jamais eu non plus de « Balladourian », membre renégat de la communauté arménienne. Les Balladour, Balladur ou Balladury qu'on retrouve au fil des siècles sont catholiques romains et d'origine... persane !

Une histoire familiale très particulière, presque une épopée. Au début du XVIIIe siècle, les Balladur font partie d'une petite communauté de catholiques, convertie et dirigée depuis le XIVe siècle par les dominicains, au Nakhitchevan, un morceau de Caucase arménien que se disputent les trois empires perse, russe et ottoman parce qu'il contrôle la route de la soie. La communauté prospère dans le négoce, protégée par la France, comme tous les non-musulmans de la région. Elle parle arménien et latin, mais se considère comme franque. Hélas, les guerres se succèdent ; en 1740, le Père Thomas Issaverdens, chef de la communauté (dont la petite-nièce épousera un Balladur), tranche : il faut partir. En bloc. Tous iront à Smyrne, où ils entretiennent depuis des lustres des relations d'affaires. En quelques générations, ceux qu'on appelle les « *Persans* » vont refaire fortune dans le négoce ou la finance et s'intégrer à la communauté catholique dirigée par le consulat de France.

Édouard Balladur a raison de nier tout lien avec la communauté arménienne. Ses ancêtres n'en ont jamais fait partie. Mais ses nombreux cousins de même souche ne comprennent pas qu'il ait oublié l'épopée familiale. Au début du siècle, l'histoire bégaye. Guerre, génocide, révolution ; en 1923, la Turquie d'Atatürk met fin au système des protections. La famille Balladur doit obtenir sa naturalisation française, accordée trois ans plus tard. L'activité de Smyrne est brisée et la xénophobie monte. La crise de 1929 n'arrange rien. La bourgeoisie aisée est en partie ruinée. Il faut partir. À Marseille, les Balladur sont des déracinés. La famille d'Édouard s'installe dans un quartier petit-bourgeois, ni vraiment pauvre ni vraiment chic. Ce n'est pas facile tous les jours, mais Édouard ira dans les meilleurs collèges.

Cette enfance honorable mais gênée, le Premier ministre n'en parlera jamais. Même à ses copains de régiment. À l'Ena, il compose définitivement son personnage d'«observateur distancié», déjà très sélectif en amitié. En 1957, entré au Conseil d'État, il épouse une jeune fille de bonne famille, Marie-Josèphe Delacour, aussi snob, mais beaucoup moins coincée que lui. Jeune conseiller social à Matignon (il n'a pas 40 ans), il va se trouver en première ligne en mai 1968. Un «*traumatisme fondateur*», dit un conseiller. Sur l'heure, il surmonte calmement l'épreuve, mais il va devoir bientôt affronter un «traumatisme» autrement plus lourd. Secrétaire général de l'Élysée en avril 1973, il accompagne l'agonie de Georges Pompidou, son modèle.

«*Être au pouvoir, c'est avoir tout le pouvoir*», dira-t-il, longtemps après. À 44 ans il l'a, par hasard. Même si le président reste lucide jusqu'à la fin, «*il a été le vrai patron de la France pendant un an*», dit un témoin. Édouard y acquiert à la fois l'expérience, quelques solides haines (pour Valéry Giscard d'Estaing et Philippe Séguin entre autres) et un cynisme à toute épreuve. D'où son mépris à peine masqué pour la classe politique et les médias. Après 1974, il va passer douze années de traversée du désert plus douillettes qu'on ne l'a écrit. Au Conseil d'État et à une ambassade, il préfère l'entreprise et cumule les mandats. Au lieu de faire carrière, il fait de l'argent. Président depuis 1969 de la Société du tunnel du Mont-Blanc – un «fromage» qu'il gardera jusqu'en 1980 –, il entre au futur groupe Alcatel-Alsthom en 1976. Il y préside une société de service informatique (GSI), tout en prenant en 1980 la présidence d'une autre filiale, la Ceac. Parallèlement, il présidera six ans la Cofremmi, créée par l'État en association avec un groupe américain pour exploiter un nouveau procédé d'extraction du nickel en Nouvelle-Calédonie.

« *Rien d'illégal* »

Jusqu'à l'«affaire GSI», décortiquée par la presse, il sera discret sur ces années. L'argent est aussi un sujet tabou. Il en gagne, pas mal, pourtant, et le fait fructifier. «*Il n'a jamais rien fait d'illégal; il est honnête et beaucoup trop prudent pour ça, mais il avait certainement besoin d'un certain confort*», assure un de ses anciens collaborateurs. La révélation de son salaire à la GSI – où il reviendra comme «conseiller» après 1988 – et de son patrimoine le choquera d'autant plus qu'il ne s'est jamais pris pour un homme d'affaires.

Dès 1980 il renoue avec Jacques Chirac, qui, de conseiller, en fera son éminence grise puis, en 1986, son ministre des Finances. Grâce à la technique dite des « noyaux durs » et à quelques nominations bien dosées à la tête des grands groupes publics et privatisés, Édouard Balladur se crée, sinon un « état », du moins un réseau d'influence aussi discret que puissant. Ce réseau, il le complète après la défaite à la présidentielle de 1988, en attirant autour de lui des hommes politiques et des intellectuels. Édouard Premier ministre veut faire oublier Édouard ministre des Finances. On fera simple. On cohabitera gentiment. Oublié l'ultralibéralisme, on gouvernera au centre, non sans reculs et hésitations.

Conservateur ? « *Il ne s'oppose pas aux mouvements de la société, mais reste d'une prudence extrême, et ne veut pas, contrairement à Delors, les provoquer*, note un de ses conseillers, *c'est un bourgeois libéral.* » Libéral, sûrement. Bourgeois ? Pas tout à fait comme les autres. Il en joue certes avec délectation tous les rôles. N'est-il pas, au bout du compte, là où il a toujours voulu être ? Le petit émigré de 1935 a fait triompher la revanche familiale. « *Il se regarde vivre, ne se prend pas vraiment au sérieux dans le fond, mais sans le dire* », explique son ami Denis Baudouin. « *Je suis beaucoup moins conformiste qu'on ne croit ; quand je vois une échelle, je passe dessous* », avoue-t-il. Un peu tard.

Véronique MAURUS, 20 avril 1995

Philippe de Villiers, candidat bleu-blanc-rage

Avant d'être élu du suffrage universel, Philippe de Villiers se sent investi d'une mission, comme choisi par la Providence. À ce titre, c'est un héritier. Un de ces chevaliers blancs qui s'est levé pour porter haut l'étendard d'une foi qui ne souffre ni adversaires ni contradiction. « *Son problème, c'est les autres*, note un observateur. *Il supporte mal qu'il puisse exister une idée différente de la sienne.* » Voici Villiers le candidat bleu-blanc-rage, méchant, voire cruel avec son prochain s'il s'oppose aux valeurs éternelles de l'Occident chrétien, à l'harmonie, au paradis terrestre dont il rêve sans détour. « *Notre mission, c'est sauver l'homme*, annonçait-il en 1983 à ses amis du Puy-du-Fou. *Le pouvoir, la gloire, la réussite sociale, on n'en a rien à faire. Je n'en ai rien à faire ! Qu'on se le dise ! Sinon, il y a longtemps que j'aurais fait de la politique... J'aurais organisé un plébiscite à l'égyptienne ! Alors, dites-le autour de vous. Il s'agit de sauver une civilisation.* »

À l'entendre, il aurait fait don de sa personne à la Vendée puis à la France, pour qu'une bonne âme défende enfin ses valeurs. Il croira en Léotard puis en Barre, chaque fois enthousiaste, toujours déçu. « *Il n'a pas d'illusions sur la classe politique* », remarque sa femme, Dominique. S'il a franchi le Rubicon électoral en y trouvant l'eau sale, c'est, d'après ses proches, un concours de circonstances, le besoin de défendre son Puy-du-Fou d'abord, de lutter plus tard contre le socialisme, de faire triompher l'homme vendéen fidèle à son clocher. À travers ses obsessions de pureté, sa défiance pour l'argent, son horreur de la drogue et de la triche, Villiers compose un héros de Giraudoux, l'homme d'avant le péché originel, hanté par un monde qui n'existe plus, peut-être à jamais perdu. En ce sens, le Vendéen n'est pas de son temps. Raide, intransigeant, il est connu pour ses accès de colère, une forme d'intolérance pour qui ne marche pas de son pas.

Dans le cœur de Philippe de Villiers, il y a d'abord la France, sa souveraineté, sa grandeur. Ces thèmes le rapprochent de M. Chevènement avec lequel il entretient une correspondance. Son épouse raconte un entretien entre le sous-préfet de Villiers et Valéry Giscard d'Estaing, alors président de la République, à l'époque où celui-ci cherchait un jeune homme dynamique pour doper la carrière politique de son fils Henri. « *Vous chââssez, Philippe ? Non, je joue au football. Vous bridgez ? Non, je joue de l'harmonica.* » Entre les deux hommes, il y aura toujours une distance, la France. L'un la regarde de haut et au fond des yeux. L'autre la voit abaissée, fustige les responsables (socialistes) et prend le pari de vouloir la relever par la force du bien.

Le parcours du candidat vendéen colle pourtant mal avec l'image du vicomte à chevalière « *guignolisé* ». « *Les Vendéens ont appris par la presse parisienne que mon mari était vicomte* », s'étonne sa femme. Aristocrate, il l'est à la mode de chez eux. Son logis est une grosse ferme, cossue mais sans luxe, une de ces bâtisses dont le seigneur occupait autrefois le corps central et les paysans les ailes. Il s'agit d'une petite aristocratie et sa demeure des Aubretières évoque davantage le sous-préfet aux champs que *Les Riches Heures du duc de Berry*.

Ses attaques contre l'Europe « *à la monnaie de cendre* » n'emportent pas forcément la conviction de ses fidèles. Mais ils redemandent de ses prêches. Voilà sa force et son venin : l'homme se met à la portée de ceux qui l'écoutent, et s'il obtient le pouvoir, prétend-il, il le leur rendra... Villiers ne prise guère le «*parti pleureur*» des monarchistes. Le roi, comme l'État, doit laisser les provinces tranquilles. N'a-t-il pas quitté la préfectorale, en 1981, estimant qu'il ne pourrait servir un pouvoir socialiste, assimilant de la sorte l'État à son chef? Arrière-petit-neveu de la comtesse de Ségur, il joue les bons petits diables lorsqu'il se présente en Vendée comme «*un beur de la première génération*», rappelant les origines lorraines de son père et catalanes de sa mère...

Éric FOTTORINO, 7 avril 1995

Lionel Jospin le solitaire

«*J'ai réglé les problèmes avec mon père à l'époque de l'adolescence*», lâche sobrement Lionel Jospin. «*Lionel était très discuteur avec son père sur la politique*», confirme sa mère. Et il se démarque très vite. Au moment où Robert réintègre la SFIO, Lionel adhère, *via* l'UNEF et l'opposition, à la guerre d'Algérie, à l'Union de la gauche socialiste, petit parti qui se veut à égale distance de Staline et de Guy Mollet et qui va se fondre, en 1960, dans le Parti socialiste unifié (PSU). À la cité universitaire d'Antony et à Sciences-Po, Lionel Jospin, militant engagé, avec son 1,81 mètre, ne passe pas inaperçu dans les manifestations contre l'Algérie française et contre l'extrême droite.

Deux ans de service militaire (en Allemagne et à Saumur), puis deux ans de scolarité à l'Ena à partir de 1963, enfin son entrée au Quai d'Orsay, fin 1965, où il est chargé des relations avec les organisations économiques mondiales des Nations unies : tout contribue à mettre en veilleuse son engagement, sinon ses convictions. Frustré d'avoir vu mai 1968 passer sous ses fenêtres de haut fonctionnaire, il prend conscience que la carrière diplomatique est une sorte de piège qui l'obligera, dans le gaullisme ambiant, à mettre ses idées dans sa poche s'il veut réussir. Il tranche en 1969, quitte le Quai d'Orsay et enseigne l'économie à l'institut universitaire de technologie de Sceaux. La deuxième vie de Lionel Jospin commence. Lorsque François Mitterrand s'empare du PS à Épinay en 1971, il est disponible. Pierre Joxe l'envoie vers la section du quinzième arrondissement de Paris. C'est là qu'il adhère au PS. Il a 34 ans.

Rapidement placé au cœur de la stratégie mitterrandienne, il est directement associé à ce bras de fer décisif engagé avec le PCF où se joue l'avenir de la gauche. L'union est un combat : il y fera ses preuves avec brio, en avril 1980, face à Georges Marchais à la télévision. « *C'était le seul dont j'étais sûr que, si les communistes tapaient sur la table, il ne se cacherait pas dessous* », dira François Mitterrand.

Fort logiquement, lorsque François Mitterrand quitte son poste de premier secrétaire pour s'engager dans sa troisième campagne présidentielle, c'est à Lionel Jospin, le numéro deux, qu'il confie les clés de la maison. Certains, jaloux, n'y verront qu'un bail précaire. Mitterrand corrige, le 24 janvier 1981 : « *C'est une tâche qui n'est pas, dans mon esprit, un intérim.* » Quatre ans durant, le nouveau premier secrétaire est étroitement associé aux choix du président de la République, abonné, le mardi, aux petits déjeuners à trois avec le président et le Premier ministre et, le mercredi, au déjeuner des caciques socialistes. Des révisions déchirantes que le PS est contraint d'opérer en 1982-1983 sur le terrain économique jusqu'à la volte-face de 1984 sur l'école privée, Jospin est à la manœuvre, dans la confidence. Et peut se croire le dauphin.

Il refuse de l'admettre, mais ses proches le confirment : la nomination de Laurent Fabius, en juillet 1984, comme Premier ministre, provoque une « crispation », imperceptible au début, mais qui finira par devenir « insupportable » et par alimenter une décennie d'incertitudes, de ruptures et d'échecs. En trois psychodrames, la messe est dite. Premier acte : en juin 1985, Lionel Jospin s'oppose brusquement à la volonté de M. Fabius de conduire la majorité aux élections législatives de 1986. Cette tâche lui revient, estime-t-il, et François Mitterrand, qui n'avait pas vu venir cette rivalité, lui donne plutôt raison. Deuxième acte, au début de 1988 : las de jouer les gardiens du temple et par «*besoin de renouvellement*», Lionel Jospin annonce, sans crier gare, en février, son intention de quitter le poste de premier secrétaire après l'élection présidentielle, quoi qu'il advienne. Dans la nuit du 13 au 14 mai 1988, au Sénat, il soutient Pierre Mauroy et lui permet de devenir le patron du PS, contre Laurent Fabius et contre le vœu de l'Élysée.

[...]

Le gouvernement, où il entre par la grande porte, en mai 1988, comme ministre d'État, ministre de l'Éducation nationale et numéro deux du gouvernement Rocard, aurait pu être un tremplin. Lionel Jospin s'y démène, revalorise les carrières des enseignants, tente de colmater les brèches d'un système bousculé par l'enseignement de masse, ses bataillons de lycéens et d'étudiants, et il esquive, non sans talent, quelques crises qui en auraient emporté plus d'un. Mais, faute d'avoir su donner un sens ou un souffle à tout cela – exception faite de l'enseignement supérieur –, « *il n'a pas retiré le bénéfice politique qu'il pouvait espérer de ces quatre années rue de Grenelle* », reconnaît un proche. En avril 1992, il sera écarté, sans ménagement, du gouvernement Bérégovoy.

Il ne peut davantage se raccrocher à un fief électoral. À la demande de M. Mitterrand, il avait abandonné le siège de député du dix-huitième arrondissement de Paris, qu'il détenait depuis 1981, pour aller reconquérir les terres roses de Haute-Garonne. Il s'y installe en fanfare lors d'une législative partielle à l'automne 1986. Six ans plus tard, il ne sauve que de justesse le canton de Cintegabelle, son unique mandat électif aujourd'hui, avant d'être balayé par la déroute socialiste de 1993.

On renoncerait à moins. Lionel Jospin en a la tentation. En avril 1993, il se démet de tous ses mandats au PS, assiste en spectateur à la prise du pouvoir de Michel Rocard, annonce son intention de se tenir « *éloigné, pour un temps, de l'action publique* » et fait savoir au ministre des Affaires étrangères, Alain Juppé, qu'il est prêt à accepter un poste diplomatique. La traversée du désert ne dure pas longtemps. Faute de réponse du Quai d'Orsay, Lionel Jospin retrouve, au bout de quelques semaines, le chemin des déjeuners du mercredi qui rassemblent, au Bistrot de Paris, les rescapés de son courant. [...]

Dimanche 5 février, porté par la vague des militants socialistes qui en ont fait leur candidat à l'Élysée, Lionel Jospin est encore seul, face à la responsabilité qui lui incombe désormais : prendre, une nouvelle fois, le relais de François Mitterrand, redonner espoir à la gauche. « *Tous ensemble* » : ce seul slogan barre le fond de la scène. Tous ensemble et lui devant. Sa solitude d'hier apparaît, ce jour-là, comme sa singularité. Comme s'il avait fallu qu'il se retrouvât seul, parmi les socialistes, pour prendre la liberté d'en devenir le champion.

Gérard COURTOIS, 12 avril 1995

Robert Hue

Né le 19 octobre 1946 à Cormeilles-en-Parisis (Val-d'Oise), infirmier, adhérent, depuis 1962, des Jeunesses communistes, puis du Parti communiste, Robert Hue est élu maire de Montigny-lès-Cormeilles en 1977 et conseiller général du canton de Cormeilles en 1988. En 1987, il entre au comité central du PCF et, en 1990, au bureau politique. Le 29 janvier 1994, il est élu secrétaire national du Parti communiste où il succède à Georges Marchais. M. Hue est également conseiller régional d'Île-de-France et président de l'Association nationale des élus communistes et républicains.

Dominique Voynet

Née le 4 novembre 1958 à Montbéliard (Doubs), Dominique Voynet est médecin anesthésiste. Réanimatrice à l'hôpital de Dole (Jura) de 1985 à 1989. Cofondatrice et vice-présidente des Verts de Dole, conseillère municipale de cette ville en 1989, elle est appelée la même année au secrétariat général du groupe des Verts au Parlement européen à Strasbourg. Elle a été député européen pendant un mois, en décembre 1991, en remplacement de Solange Fernex. En janvier 1992, elle devient porte-parole des Verts et conseillère régionale de Franche-Comté en mars 1992.

Pendant la campagne

La conquête des jeunes

La génération née entre 1970 et 1976 va voter pour la première fois à l'élection présidentielle. Alors que François Mitterrand avait massivement bénéficié des suffrages des jeunes en 1988, ces nouveaux électeurs de 1995 sont en proie au doute. Si ces jeunes sont peu inscrits sur les listes électorales et s'abstiennent toujours davantage que leurs aînés, ils représentent 5,8 millions d'électeurs potentiels. Début mars, 76 % des 18-24 ans n'avaient pas définitivement choisi leur candidat, 22 % hésitaient entre deux, 27 % envisageaient de s'abstenir. Une course à l'électorat « jeune » a commencé, dominée par la compétition au sein de la majorité.

Portés par les sondages, 34 % des intentions de vote des 18-24 ans pour M. Chirac, selon un sondage Ifop-*L'Express*, réalisé début mars, les jeunes chiraquiens s'appuient sur un savoir-faire électoral bien rodé. Nordine Cherkaoui, secrétaire national à la jeunesse du RPR, affiche sa satisfaction de pouvoir compter sur « une toile de contacts, de relations, tissée depuis cinq ans », à partir du mouvement des jeunes RPR.

Sur cette base, il a monté les troupes de choc des Jeunes avec Chirac, les « JAC », qui recrutent « bien au-delà du RPR ». Autour d'un noyau important représenté par l'UNI (Union nationale interuniversitaire, qui compte quelques représentants de la droite musclée), « on trouve des jeunes du CNI, du CDS, du PR, du CDS, des gaullistes sociaux, des jeunes du RAP [Rassemblement pour une autre politique] de Philippe Séguin, plus tous les sympathisants », expose M. Cherkaoui. Port de pancartes dans les meetings, diffusions de tracts, collages, distributions de tee-shirts, aucun élément de la panoplie de campagne n'a de secret pour eux. Le 9 avril, M. Chirac devrait rencontrer des milliers de jeunes à Bercy. « On va remplir, vous allez voir », affirme le conseiller « jeunes » du candidat.

« On a récupéré tous les déçus d'Antony [le premier meeting de M. Balladur avec les jeunes (*Le Monde* du 14 février)], souligne avec perfidie un membre du comité de soutien, et aux jeunes du CDS, comme au Mouvement des jeunes républicains [MJR], les "fédés" tombent les unes après les autres. » Au centre, une guerre des communiqués s'est engagée entre le président des Jeunes démocrates sociaux, Christian Bartholmé, qui clame son attachement à M. Balladur, et les Jeunes du centre avec Jacques Chirac. Comptant dans leurs rangs Dominique Paillé, député (CDS) des Deux-Sèvres, et Cyrille Moreau, conseiller municipal de Suresnes, ces derniers veulent organiser « un grand meeting avant le premier tour ».

Sauver la face

Les jeunes balladuriens, qui se refusent à chiffrer leurs troupes, cherchent à tout prix à combler le handicap du Premier ministre, lesté par le ratage du CIP (contrat d'insertion professionnelle) et de la circulaire sur les IUT. Avides de sondages, ces jeunes, venus du RPR ou de l'UDF, veulent avant tout sauver la face. « Depuis que les sondages ont baissé, une véritable dynamique s'est créée », assure David Cohen-Skalli, jeune RPR balladurien. [...] Membre du RPR depuis sept ans, Olivier Pinard, étudiant en droit à Nanterre, éclate : « On n'a eu droit ni aux listings, ni à l'argent, et les JAC sont deux fois plus nombreux que nous. » Comme le souligne un militant RPR de 23 ans, qui travaille avec Charles Pasqua dans les Hauts-de-Seine, une bonne partie du conflit entre jeunes balladuriens et jeunes chiraquiens se passe « au niveau des tripes » : « Tout ça, c'est très affectif, comme souvent au RPR. Et puis, on l'a souvent dit, nous avions l'habitude de chasser en meute. Certains sont un peu déboussolés. »

« Il n'y a pas de réel débat d'idées entre Chirac et Balladur. On ne trompera personne là-dessus. De toute façon après les élections, quel que soit celui des deux qui l'emporte, la politique sera la même », affirme David Cohen-Skalli. [...]

Chez les jeunes socialistes, la campagne, essentiellement soutenue par le Mouvement des jeunes socialistes (MJS), a du mal à prendre son élan. Tirant la leçon du rejet de la politique traditionnelle par les jeunes, le MJS s'appuie sur les associations et clame son indépendance à l'égard du parti aîné.

« Retrouver une crédibilité »

« On ne peut pas approuver la politique africaine, la politique européenne qui ne donne pas assez de place au social, les écoutes à l'Élysée, tout ça, c'est trop », s'insurge Régis Juanico, 23 ans, secrétaire national du MJS. D'accord en revanche pour soutenir M. Jospin, autour duquel il faut « essayer de retrouver une crédibilité ». Un soutien critique, « pour l'élection » mais « ce n'est pas une écurie », souligne Étienne Pourcher, qui s'occupe du comité de soutien à Marseille. Judith Capelier, membre des MJS, « peu enthousiasmée au départ par Jospin », a trouvé le candidat « sincère et spontané » lorsqu'il s'est adressé aux jeunes, à Créteil, le 4 mars. Elle organise désormais le comité de soutien à Montpellier. Le candidat lui-même donne de sa personne, en affrontant les jeunes à la télévision, comme sur Canal Plus (*Le Monde* du 21 mars), tandis que Martine Aubry, son porte-parole, avance à « 7 sur 7 » sur TF1, parmi les premières raisons pour voter Jospin, le fait qu'avec lui « les jeunes vont reprendre confiance ».

Course de vitesse

La stratégie des petits candidats fait une large place à cette partie hésitante et versatile de l'électorat : Dominique Voynet, candidate des Verts, a dévoilé le chapitre « jeunes et éducation » de son programme dans une université, un jour avant le reste ; les jeunes villiéristes ont organisé, le 18 mars au Mans, la « première université politique des jeunes du

Mouvement pour la France, sur l'engagement politique » ; le Front national et le PC ont engagé une course de vitesse. « Un de nos objectifs, c'est de dépasser le FN au premier tour, ce serait vraiment symbolique », espère Bruno Piriou, un responsable du Mouvement de la jeunesse communiste de France. « On sent un frémissement nouveau sur le terrain, note-t-il, il y a un effet de curiosité à l'égard de Robert Hue. » Selon lui, un candidat « capable de dire que l'on a pu se tromper par le passé » a toutes ses chances auprès des jeunes, « qui cherchent quelqu'un qui ne les abusera pas ». Des milliers de jeunes sont venus à Ivry le 18 mars pour entendre M. Hue préciser le « plan d'urgence » qu'il a demandé pour eux.

La proximité actuelle des scores du PC et du Front national chez les 18-24 ans, la faiblesse du score prévu pour l'instant pour le FN en regard des précédents scrutins (16 % à la présidentielle de 1988, 18 % aux législatives de 1993, 7 % aujourd'hui) déclenchent aussi une activité fébrile au Front national : un magazine vendu en kiosque sous le titre *Qui sont ces jeunes qui votent Le Pen*, une cassette de sept minutes destinée à la jeunesse, une place importante accordée aux jeunes dans la caravane qui sillonne la France. Jusqu'à l'affrontement physique avec des lycéens, comme à Auch, le 21 mars (*Le Monde* du 23 et du 24 mars).

Guerre fratricide dans la majorité, difficulté au démarrage à gauche, frémissement vers le Parti communiste, les jeunes seraient-ils tout simplement, encore une fois, le miroir grossissant des adultes ?

Béatrice GURREY, 27 mars 1995

Le premier tour

Surprenante victoire, amère surprise et douce défaite

Eva Jospin s'approche de deux amies. Inquiètes, elles l'interrogent. « Tu sais quelque chose ? » « Papa est à 23 %, en tête », leur répond-elle doucement, d'un ton calme, presque trop sage pour ses 20 ans. Il n'est pas encore 20 heures, au siège de campagne du candidat socialiste, et « on » sait. On sait l'incroyable, l'inespéré, l'invraisemblable résultat du premier tour. On sait, mais on hésite encore à croire. Au même instant, à la Maison de la chimie, où les militants socialistes se sont réunis, la rumeur enfle, court de groupe en groupe. «Jospin, premier!», murmure-t-on autour du buffet. «Non, c'est pas possible.» «Arrête de délirer.» Jospin premier, même Gérard Le Gall, l'expert ès sondages du PS, n'en revient pas. De quart d'heure en quart d'heure, les chiffres grimpent, grimpent et l'expert plane. «Je suis sur un petit nuage», avoue-t-il. Daniel Vaillant, le directeur de la campagne, raconte: «Il y a deux mois, j'ai rapporté à Jospin qu'un de mes amis sondeurs n'excluait pas qu'il arrive en tête. Il s'est marré et m'a dit: "Je ne veux plus t'entendre me raconter ce genre d'histoire!"»

Lorsque, à 20 heures, la télévision confirme la rumeur, une bourrasque d'enthousiasme secoue le patio, rue du Cherche-Midi. Lionel Jospin, en bras de chemise, s'avance sur la coursive et lève le pouce, en signe de victoire, avant de disparaître rapidement dans son bureau, en compagnie de ses plus proches conseillers, pour achever de rédiger sa déclaration. Agglutinés devant les écrans, les militants ont les yeux éblouis. «On a gagné! Jospin, président!», s'exclament-ils. «Pour le champagne, on verra le 7 mai», lance, prudent, Jean Glavany, porte-parole du PS. Eva, enfin, s'épanche comme une fille de 20 ans: «Je suis contente et émue. Quand il a appris ce résultat, mon père a eu la larme à l'œil.»

Mais où est Claude? Avenue d'Iéna, au siège de campagne de Jacques Chirac, on cherche en vain le visage de l'autre fille de candidat, pour y lire le bonheur ou le dépit. Omniprésente d'habitude, Claude n'est pas là, ce soir, sous l'immense tente dressée pour accueillir la foule des partisans du maire de Paris. On a prévu grand, très grand, et des pommes, beaucoup de pommes, dix-sept variétés paraît-il. Moins d'une demi-heure avant l'heure fatidique, il y avait ceux qui savaient, mais qui ne voulaient pas le croire, et ceux qui ne savaient pas et qui s'y croyaient encore. Pour ceux-là, la nouvelle fait l'effet d'une douche glacée. «C'est pas vrai», «Non, c'est pas possible», s'exclament des sympathisants.

Le nom de Lionel Jospin, cité sur les écrans de télévision, provoque des huées rageuses. À ce premier choc s'ajoute une grande inquiétude: il est encore impossible de départager les deux candidats issus du RPR. «On a la droite la plus conne du monde», lâche, vengeur, un homme à ses côtés. Une femme âgée s'approche des journalistes: «J'ai 72 ans, ça fait quatorze ans que je vote pour Jacques Chirac. Je ne veux pas mourir sous le socialisme!» «Mais comment peuvent-ils se tromper autant?», s'interroge une sympathisante. Maudits sondages… Lorsque, enfin, Jérôme Jaffré annonce sur le petit écran un duel Jospin-Chirac pour le second tour, il est accueilli en sauveur. Bien-aimé sondeur… Le bonheur, malgré tout, ne parvient pas à effacer l'inquiétude. La présence de leur candidat acquise, les sympathisants soupirent : « C'est pas gagné, ça va être dur, dur. » « Il y a trois mois, si on nous avait proposé de signer pour ça, on aurait signé des deux mains », observe un des apparatchiks du RPR, Yves Lessard, pour soulager la déception générale. La déclaration de Jean-Marie Le Pen ramène les petits groupes vers les écrans. « Chirac n'a pas assez parlé de l'immigration et, du coup, les électeurs les plus à droite vont chez Le Pen », déplore une jeune fille. Pierre Lellouche, conseiller diplomatique de Jacques Chirac, confirme : « On n'a pas fait notre boulot sur cette question. »

Le visage d'Édouard Balladur déclenche une bronca, et les premiers mots de sa déclaration sont noyés sous les sifflets et les quolibets. Ils cessent et se transforment en vague de sympathie quand le rival annonce qu'il votera pour le maire de Paris. Mais il faudra encore attendre l'apparition rapide de Jacques Chirac, vers 22 heures, pour qu'enfin les sympathisants se laissent aller à exprimer leur espoir. Le bonheur, se disent-ils, n'est repoussé que d'une quinzaine. « Chirac, président ! », osent enfin les militants.

Olivier, Philippe et Lionel sont formels : « On fera tout pour que Chirac gagne, parce que quatorze ans de socialisme, ça suffit ! » Ils sont jeunes, ils sont balladuriens. Rue de Grenelle, au siège de campagne du Premier ministre, l'espoir vient de s'envoler. Et c'est le candidat lui-même qui l'a tué. Il est 21 h 30 et Édouard Balladur rappelle sèchement à l'ordre ses partisans. Interrompu par les sifflets, lorsqu'il cite le nom de Jacques Chirac, le Premier ministre n'apprécie pas du tout cette impolitesse militante. « Je vous demande de vous arrêter ! Laissez-moi faire ma déclaration ! », lâche-t-il, excédé.

Cette fois, c'est donc sûr, leur champion ne figure pas au second tour. Ils ne l'ont pas cru tout de suite. À 20 heures, selon l'écran de télévision devant lequel ils se tenaient, les partisans d'Édouard Balladur avaient la mine triste ou le regard plein d'espoir. France 2 et BVA, qui donnaient les estimations les moins favorables, étaient maudits, France 3 et CSA, TF 1 et la Sofres étaient chéris. Les responsables de la campagne ne se faisaient plus guère d'illusions. Mais que la défaite paraît douce. « On nous avait promis la mort, et nous sommes vivants », résume Patrick Devedjian, député RPR des Hauts-de-Seine. « Nous panserons nos plaies après le deuxième tour, pour le moment, on va se battre », affirme-t-il. Stéphane, lui, a la rancune tenace : « Moi, je vais voter contre Chirac au deuxième tour. » D'un haussement d'épaules, ses copains le désavouent.

Jean-Marie Le Pen a deux filles. À l'annonce du score du président du Front national, elles laissent exploser leur joie. « Champagne ! », s'écrie Marine, qui se précipite sur son père pour l'embrasser. Il lui rend son baiser, distrait. Son visage est blême. Au QG de campagne du dirigeant d'extrême droite, chacun réalise brutalement que, jusqu'au bout, il s'est cru assuré de figurer au second tour. Il peste contre tout, et surtout contre les sondeurs qui ont « manipulé l'élection ». À ses côtés, son épouse tente de l'apaiser. « Mais c'est bien tout de même, 15,7 %, c'est une petite victoire. » « Moi, je me bats pour gagner », lui rétorque sèchement M. Le Pen. La famille communiste n'aime pas les journalistes. Au siège de *L'Humanité*, la presse est confinée dans une salle de conférences, loin des responsables. Robert Hue s'est enfermé au dernier étage, avec les membres du bureau national, qui corrigent la version initiale de sa déclaration. À l'annonce du résultat donnant Lionel Jospin en tête, un seul militant laisse échapper un applaudissement, vite réprimé. Des journalistes, chez Arlette Laguiller, on n'en a jamais vu autant. Ils sont presque aussi nombreux que les militants, ce soir, dans la salle du palais des Congrès louée pour l'occasion. « De toute façon, ce sont des élections bourgeoises », lance, prudent, l'un d'entre eux. Lorsque de nouvelles estimations confirment que leur candidate devance Philippe de Villiers, un autre s'exclame : « C'est la révolte des manants ! » Arlette, ravie, un gobelet de plastique empli de vin rouge à la main, trinque au remboursement de ses frais de campagne.

Chez Philippe de Villiers, les jeunes militants ont amené leurs parents. Ils ne comprennent pas comment « le socialiste » a bien pu passer en tête. Enfin, s'exclame l'un d'eux, « le principal est qu'il soit remboursé de ses frais de campagne, puisqu'il est le seul candidat honnête ! » Il n'aura même pas cette satisfaction-là. La déception est forte aussi, parmi les partisans de Dominique Voynet, même s'ils confessent avec humour être habitués aux « scores confidentiels ». Quand le visage de Lionel Jospin apparaît sur les écrans, les militants demandent le silence. Respectueux. À moitié consolés. Jospin, c'est quand même un peu la famille.

Les résultats

	TOTAL	
Inscrits	39 992 912	
Votants	31 345 794	
Abstentions	21,62 %	
Blancs ou nuls	2,82 %	
Exprimés	30 462 633	
CANDIDATS	Nombre de voix obtenues	Suffrages exprimés (%)
Lionel Jospin	7 097 786	23,30
Jacques Chirac	6 348 375	20,84
Édouard Balladur	5 658 796	18,58
Jean-Marie Le Pen	4 570 838	15,00
Robert Hue	2 632 460	8,64
Arlette Laguiller	1 615 552	5,30
Philippe de Villiers	1 443 186	4,74
Dominique Voynet	1 010 681	3,32
Jacques Cheminade	84 959	0,28

Dominique Voynet a fait baisser le niveau des écologistes

Avec 3,36 % des voix en métropole, Dominique Voynet a perdu son pari. Agacée par les sondages d'intention de vote qui la situaient à ce niveau et qui, pour ce qui la concerne, ne se sont pas trompés, la candidate écologiste se promettait de passer le seuil, symbolique, de 5 % des suffrages exprimés ou, du moins, d'améliorer le score d'Antoine Waechter en 1988. Il n'en est rien : elle perd près d'un demi-point et quelque 150 000 voix par rapport au résultat de M. Waechter.

Alors que l'ancien porte-parole était parvenu à «*régionaliser*» le vote écologiste, principalement en Alsace, mais aussi dans la région Rhône-Alpes, en Franche-Comté, en Lorraine et en Bretagne, Mme Voynet ne réussit à franchir la barre des 5 % que dans un seul département, le sien, celui du Jura. Le vote écologiste recule non seulement en pourcentage, mais également en voix, dans une série de départements où les groupes locaux passent pourtant pour être actifs : Paris, la Seine-Saint-Denis, les Bouches-du-Rhône, les Alpes-Maritimes, la Seine-Maritime, la Seine-et-Marne, la Somme, les Côtes-d'Armor, les Hauts-de-Seine, la Moselle, le Bas-Rhin, le Haut-Rhin, le Nord et le Pas-de-Calais. C'est même dans le Nord-Pas-de-Calais, dont le conseil régional est présidé par Marie-Christine Blandin (Verts), que Mme Voynet obtient son plus mauvais résultat (2,30 %).

Quelles que soient les «*nuisances*» provoquées, jusqu'à la veille de l'ouverture de la campagne officielle, par les candidatures avortées de Brice Lalonde et d'Antoine Waechter, il est manifeste qu'il n'y a pas de corrélation entre la présence de militants sur le terrain et le résultat de l'élection présidentielle. Il est vrai que les uns s'activent souvent sur des dossiers ayant trait à la protection de l'environnement, à l'énergie ou aux transports, tandis que la candidate a principalement tenu un discours globalisant, portant sur l'exclusion, la réduction du temps de travail ou les rapports Nord-Sud.

Les électeurs, notamment les «*déçus du mitterrandisme*», qui s'étaient volontiers portés sur le vote écologiste aux élections régionales de 1992 n'ont pas perçu l'utilité de renouveler un tel vote dès lors qu'il s'agissait de choisir le président de la République. Les écologistes sont-ils donc condamnés à n'exister qu'aux élections municipales ? Après la déception causée par le résultat des élections législatives de 1993, l'échec complet des élections européennes de 1994, les querelles persistantes des principaux animateurs de l'écologie politique, ce nouvel objectif n'est même plus assuré.

Un autre enseignement a trait à l'addition du « rouge » et du « vert ». Les renforts de voix venues de l'extrême gauche et des dissidents communistes ont vraisemblablement fait fuir une partie de l'électorat écologiste modéré. Or il s'agit là de la nouvelle stratégie des Verts. En choisissant de s'engager dans la voie de la recomposition avec la gauche dite «*alternative*» plutôt que de chercher à «*écologiser*» de l'intérieur la gauche traditionnelle, les Verts n'ont peut-être pas soupçonné à quel point la route serait longue.

Jean-Louis SAUX, 25 avril 1995

Après le 1er tour

L'élection présidentielle

Entretien avec Pascal Perrineau, directeur du Centre d'étude de la vie politique française

Le premier tour de l'élection présidentielle reflète-t-il, selon vous, la «fracture sociale» du pays ?

«On peut parler, pour la première fois dans l'histoire de la Ve République, d'une vraie élection de crise. La crise sociale, le malaise de nombreuses couches populaires, la perte des repères

142

se sont exprimés dans cette élection de manière extrêmement vive, comme cela n'avait jamais été le cas dans une élection présidentielle. On voit apparaître 38 % d'électeurs qui ont voté pour des formations périphériques, dans lesquelles le poids des forces extrêmes est loin d'être négligeable : environ 13 % pour l'extrême gauche, 15 % à 16 % pour l'extrême droite, avec un poids important des extrêmes.

« Autrement dit, toute une série d'électeurs ont utilisé l'élection présidentielle comme vecteur de leur protestation. Or, jusqu'à maintenant, l'élection présidentielle avait peu joué ce rôle. Les forces protestataires occupaient une place beaucoup plus marginale. Les Français votaient utile dès le premier tour en se rapprochant des grandes forces et des grands candidats de gouvernement. »

Ne pourrait-on pas vous opposer que, finalement, le niveau du vote communiste, d'extrême gauche et d'extrême droite, est assez comparable à celui de 1988 ?

« Les six candidats périphériques totalisent 38 %, près de quatre Français sur dix. Dans les élections présidentielles précédentes, ces forces représentaient plutôt un quart des suffrages. Il y a donc une progression de plus de dix points, qui est un signe. La légitimité des candidats de gouvernement a une base de plus en plus ténue. Si M. Chirac l'emporte au second tour, il sera parti d'une base de 20 %, soit 15 % des inscrits. On n'avait jamais vu un candidat élu à partir d'une telle base. M. Mitterrand, en 1981, part de 26 % au premier tour.

« Cela montre l'état d'éclatement et de fragmentation de la donne politique en France, mais il y en a d'autres symptômes : les abstentions se situent un peu plus haut que la moyenne pour un premier tour d'élection présidentielle (21,63 % au lieu de 18,6 %) ; les bulletins blancs et nuls ont doublé (2,83 % au lieu de 1,1 % en moyenne) ; et cet éclatement de la donne politique est d'autant plus fort que l'on descend dans l'échelle sociale. Chez les cadres supérieurs et professions libérales, la tendance à voter encore pour les candidats de gouvernement est forte : il n'y a que 24 % d'électeurs appartenant à ces catégories qui ont voté pour les forces périphériques. En revanche, à l'autre bout de l'échelle sociale : chez les ouvriers, 53 % de vote pour les forces périphériques, et, chez les chômeurs, 58 %.

« On voit donc que ce malaise ne s'exprime pas de manière égale dans toutes les couches sociales, mais qu'il recoupe, d'une certaine manière, la fracture sociale. On le voit, aussi, quand on prend pour critère le vote au référendum sur le traité de Maastricht. Les électeurs qui avaient voté "oui" votent aujourd'hui, de manière très majoritaire, pour les forces "centrales", c'est-à-dire M. Jospin, M. Chirac et M. Balladur. En revanche, ceux qui avaient voté "non" à Maastricht, cette France des protestations, du repli, vote en majorité pour les forces périphériques.

« Le deuxième phénomène, c'est la mobilité, l'électeur "volatil". C'est ce qui a permis de dire que "les sondages se sont trompés", alors qu'ils ont mesuré, en fait, les évolutions d'un électorat en perpétuel mouvement : il y a eu l'effet Delors à l'automne ; puis, en janvier, M. Balladur triomphait ; en mars, c'était au tour de M. Chirac ; enfin, dans la dernière période, il y a eu la poussée de Le Pen et, apparemment, dans la toute dernière ligne droite, la poussée jospiniste. Toute cette campagne a été marquée par la mobilité des électeurs, accompagnée d'un taux d'indécision record. Les sondages ont même montré, dans la dernière semaine, un pourcentage d'indécis qui remontait. Selon le sondage "sortie des urnes" de CSA, 12 % des électeurs ont choisi au dernier moment, 16 % dans les quelques jours qui ont précédé. *Cela veut-il dire que les sondages deviennent eux-mêmes un facteur de choix pour les électeurs ? Si l'indécision croît quand les sondages ne sont plus publiés…*

« L'essentiel reste les médias écrits et audiovisuels, à partir desquels le choix se façonne.

On a reproché à ces médias, précisément, de donner la première place aux informations sur les sondages !

« Cela relève peut-être de l'intime conviction, mais aussi un peu de l'analyse : je ne crois pas que les sondages jouent un rôle décisif dans l'orientation du comportement des électeurs. Les électeurs les intègrent comme un élément d'information parmi d'autres pour faire leur choix, mais il n'est pas apparu un vote sous influence sondagière.

« Les Américains avaient déterminé deux types d'effet des sondages : l'effet underdog, qui consisterait à aller vers la victime, et l'effet bandwagon, qui consisterait à se porter vers celui qui se détache en tête. Or la campagne nous a montré tout et le contraire de tout. Il n'y a pas eu de mouvement irrésistible pour M. Balladur quand il était en tête, fin janvier et en février, ni, inversement, de mouvement pour le récupérer quand il était en situation difficile, fin mars.

« D'ailleurs, toutes les enquêtes qui ont été faites aux États-Unis montrent que, quand ils existent, les deux mouvements en question s'annulent.

La répartition des électeurs entre M. Chirac et M. Balladur s'est-elle faite en conformité avec le discours du premier?

« La stratégie chiraquienne, qui consistait à s'ériger en candidat du mouvement, à l'assaut du camp conservateur, a largement échoué. Quand on regarde la structure de l'électorat de M. Chirac, on s'aperçoit qu'il fait ses meilleurs scores dans les couches traditionnelles de la droite traditionnelle : les patrons de l'industrie et du commerce, les professions libérales, les agriculteurs. Son score dans les couches populaires reste, en général, en dessous de son score national.

« Quand on regarde la sociologie de son électorat, on voit qu'il est plutôt âgé et aisé, mais toute une partie de la substance populaire de la droite, qui aurait dû, dans la logique de sa candidature, se retrouver derrière M. Chirac sur des thèmes de gauche, se retrouve en fait chez Jean-Marie Le Pen. Le premier candidat en milieu ouvrier, c'est lui. Chez les chômeurs, selon CSA, il arrive à 35 %. L'électorat lepéniste est plus populaire que jamais. »

De quoi est fait l'électorat de M. Chirac?

« La carte de M. Balladur est une carte classique de la droite en France et de la démocratie chrétienne. Elle ressemble à celle de M. Barre en 1988, avec l'Alsace en plus, et, là, on voit le poids de la démocratie chrétienne. La carte de M. Chirac est différente. On l'avait déjà connue dans le passé : le phénomène d'implantation personnelle, la tache autour de son implantation en Corrèze, correspond au phénomène que les politologues américains appellent friends and neighbours ("amis et voisins"), la logique de l'implantation locale, qu'on avait déjà rencontrée dans le passé. Regardez le score de la liste que conduisait M. Chirac aux élections européennes de 1979, vous trouvez déjà ce type d'implantation localisée : Paris et la Corrèze. Lorsqu'on regarde les sondages "sortie des urnes", on a la certitude qu'au fil de la campagne M. Balladur est devenu un candidat UDF, et M. Chirac, un candidat RPR.

« Il y a une préoccupation européenne de l'électorat Balladur, au sein de la majorité, qui est plus affirmée que celle de l'électorat Chirac, laquelle est plus importante que celle de l'aile extrême Villiers. Enfin, le vote Le Pen est, lui, carrément anti-européen. M. Chirac, qui a retrouvé le vote RPR anti-Maastricht, se situe quelque part entre le pôle d'ouverture libéral centriste et européen, représenté par M. Balladur, et le pôle de fermeture de droite nationaliste et d'exclusion, représenté par Le Pen. » D'où le problème de la campagne de second tour de M. Chirac : comment tenir les deux bouts de la chaîne ?

La dissidence Villiers a-t-elle nui davantage à M. Chirac ou à M. Le Pen?

« C'est un électorat bourgeois, âgé et agricole : Villiers a donc pris davantage à M. Chirac qu'à Le Pen, ce qui ne veut pas dire que, dans le milieu des patrons de l'industrie et du commerce, la séduction Villiers n'ait pas privé Le Pen d'une partie de sa marge de progression. »

La composition de l'électorat s'est-elle modifiée?

« Le phénomène majeur, c'est la popularisation d'ensemble de l'électorat de Le Pen. Le thème de l'immigration écrase tous les autres parmi les électeurs urbains du Front national. Or, pour la première fois, dans la droite classique, il n'y avait pas de contre-feu, Charles Pasqua ayant été neutralisé par l'affaire Schuller-Maréchal. La crise algérienne et l'entrée en vigueur de la convention de Schengen sont intervenues, aussi, au cours de la campagne. »

Qu'est-ce qui explique la percée de M. Jospin?

« Il y a eu un phénomène de vote utile important dans la toute dernière période, et une érosion des positions de Mmes Voynet et Laguiller et de M. Hue. La campagne "pédagogique" de M. Jospin a porté sur la fraction de l'électorat qui l'a rejoint : c'est celle qui accorde le plus d'importance, dans les motivations de son vote, au programme. En outre, c'est la première fois qu'un candidat socialiste affiche clairement la couleur social-démocrate. Enfin, M. Jospin a montré le chemin du renouveau de la gauche socialiste. Il a fait passer le message de la rupture "douce" avec le mitterrandisme. »

Propos recueillis par Patrick JARREAU, 26 avril 1995

Le 7 mai, le second tour

Les résultats

	MÉTROPOLE		OUTRE-MER		TOTAL	
Inscrits	38 539 457		1 192 170		39 976 944	
Votants	31 027 522		688 261		31 845 819	
Abstentions	19,49 %		42,26 %		20,33 %	
Blancs ou nuls	6,02 %		4,18 %		5,97 %	
Exprimés	29 156 857		659 427		29 943 671	
CANDIDATS	Nombre de voix obtenues	Suffr. expr. (%)	Nombre de voix obtenues	Suffr. expr. (%)	Nombre de voix obtenues	Suffr. expr. (%)
Jacques Chirac	15 363 865	52,69	324 526	49,21	15 763 027	52,64
Lionel Jospin	13 792 952	47,31	334 901	50,79	14 180 644	47,36

146

La majorité de Jacques Chirac reste à inventer

La France de Jacques Chirac reste à inventer. Les données électorales, telles qu'elles ressortent des deux tours de l'élection présidentielle, posent en effet davantage de questions qu'elles n'apportent de réponses. Le maire de Paris s'était imposé, au premier tour, comme le plus efficace des candidats de la droite, en devançant Édouard Balladur. Son score, néanmoins, réduisait la portée de ce succès, hypothéqué au surplus par le niveau atteint par Jean-Marie Le Pen. La première place de Lionel Jospin, fruit d'une campagne obstinée, assombrissait encore la performance de Jacques Chirac. Si le rapport des forces global semblait promettre la victoire à l'ancien président du RPR, celui-ci n'était pas à l'abri d'une maladresse de campagne. Le résultat du second tour n'a été obtenu qu'au prix d'une bataille serrée, qui a pu donner à la gauche, pendant quelques jours, l'espoir d'une victoire miraculeuse.

Vainqueur dans plus des deux tiers des départements, Jacques Chirac est parvenu à réaliser une synthèse entre des électorats et des aspirations qui n'étaient pas facilement conciliables. À ses propres partisans, concentrés notamment, au premier tour, dans « ses » régions du Massif central (autour de la Corrèze) et de l'Île-de-France (autour de Paris), il lui fallait associer, d'abord, les électeurs qui avaient voté pour Édouard Balladur. La carte électorale du Premier ministre révélait un « *mixage* » entre un vieux légitimisme gaulliste, dans des régions comme la Normandie ou l'Alsace, et la tradition démocrate-chrétienne, en Bretagne ou en Savoie, par exemple.

Il était clair, d'autre part, en fonction de la dialectique de la campagne, que les partisans du Premier ministre étaient réfractaires à Jacques Chirac. Centristes, libéraux ou, même, électeurs du RPR, ils avaient en commun de se méfier des « *promesses* », maintes fois dénoncées par le rival du maire de Paris, et de l'« *État-RPR* », dont la menace était suggérée par le chef du gouvernement lorsqu'il soulignait, par contraste, sa « *liberté* » vis-à-vis de tout appareil de parti.

Jacques Chirac devait attirer à lui, ensuite, les électeurs de Philippe de Villiers et ceux de Jean-Marie Le Pen. Pour les premiers, venus souvent des rangs des sympathisants du RPR, la tâche n'était pas trop difficile, le président du conseil général de Vendée ayant multiplié les signes de connivence avec le maire de Paris. En revanche, le chef du Front national n'avait cessé, avant le premier tour, de désigner le maire de Paris comme son adversaire principal. Cette attitude relève à la fois, chez M. Le Pen, du calcul et du sentiment. Il estime que la marge de progression de son parti se situe dans l'espace occupé par le mouvement chiraquien : c'est la thèse des « *valeurs communes* », mise en avant en sens inverse par Charles Pasqua en 1988. S'y ajoute une aversion viscérale pour le gaullisme et pour ses héritiers, ennemis historiques de l'extrême droite depuis le régime de Vichy et la guerre d'Algérie. Enfin, s'il ne pouvait guère compter sur un renfort d'électeurs de la gauche, Jacques Chirac devait néanmoins veiller à ce que Lionel Jospin ne puisse ramener dans son camp les déçus du socialisme passés à l'abstention.

Le concours des balladuriens du premier tour, encouragé par l'engagement résolu d'Édouard Balladur, a permis au maire de Paris de réunir la droite « parlementaire » sans déperdition de voix notable, comme en témoignent ses scores élevés dans des départements qui sont des bastions conservateurs traditionnels, certains d'entre eux ayant connu, cependant, une abstention un peu plus forte au second tour. L'affirmation de son engagement européen a convaincu les centristes et les libéraux, sans que la reprise tardive de la proposition d'un nouveau référendum sur l'Europe leur apparaisse comme une remise en question de la construction communautaire. À l'inverse, la perspective de consulter les Français a pu encourager les villiéristes et une partie des lepénistes à accorder leurs suffrages à Jacques Chirac.

Le Pen entendu

Le niveau atteint par l'ancien président du RPR dans des départements comme les Alpes-Maritimes et les Bouches-du-Rhône démontre qu'il est parvenu à se concilier une bonne partie de l'électorat du Front national. Le niveau inhabituel du vote blanc prouve aussi que les consignes de M. Le Pen ont été entendues par une partie de ses électeurs ; et on observe que l'abstention, globalement en léger recul au second tour par rapport au premier, est localement plus élevée dans des départements « balladuriens », mais également dans des départements « lepénistes ». Localement encore, des reports de voix de l'extrême droite vers le candidat socialiste peuvent être décelés.

Au total, néanmoins, il apparaît que là où le vote d'extrême droite s'est développé dans un environnement dominé par la droite, la réunification ou la fusion de ces électorats s'est faite au profit de Jacques Chirac. Le maire de Paris est parvenu, d'autre part, à contenir l'attrait exercé par la gauche « *nouvelle* », à laquelle Lionel Jospin a donné visage et consistance. Si les reports de voix ont été quasiment parfaits des électeurs communistes, d'extrême gauche et écologistes vers le candidat socialiste, et si l'abstention a diminué, Lionel Jospin n'a pas, pour autant, dépossédé son adversaire du talisman du «*changement*».

Jacques Chirac a donc réussi son pari, mais cette réussite est elle-même aléatoire. La droite parlementaire est renforcée face à l'extrême droite, qui se retrouve une fois de plus hors jeu. Elle a triomphé d'une gauche qui, comme le maire de Paris, revient de loin, mais qui a encore beaucoup de chemin à faire. La victoire est lourde de nombreuses ambiguïtés. Jacques Chirac a additionné des voix. Il lui reste à structurer une vraie majorité, faute de quoi la synthèse du 7 mai pourrait se décomposer aussi vite qu'elle s'est agrégée.

Patrick JARREAU, 24 mai 1995

Lionel Jospin entend profiter de son résultat pour rénover le PS

Une fois encore, Laurent Fabius aura trouvé le mot juste. «*La courte défaite*» de Lionel Jospin, déclarait-il dimanche 7 mai, est «*une défaite d'avenir*». [...]

Mathématiquement vaincue, la gauche n'est donc pas psychologiquement atteinte. Elle a retrouvé force, espoir, moral et se trouve prête, déjà, à en découdre aux prochaines élections municipales et à miser sur un sort plus heureux aux élections législatives de 1998. Enfoncé lors de celles de 1993, ridiculisé aux élections européennes de juin 1994, en moins d'un an, le Parti socialiste, qui ne semblait même plus capable de mettre de l'ordre dans ses cuisines, semble redevenu un parti adulte, conquérant et désireux de bien faire. Rarement il aura été donné d'assister à un tel sursaut, à une telle métamorphose.

Cette métamorphose a d'abord et avant tout été celle d'un homme, de ce Lionel Jospin, parti dans cette aventure pratiquement sous les risées et qui la termine sous les honneurs unanimes. N'est-il pas symptomatique de constater que, au soir du 7 mai, personne au PS et ailleurs ne s'est interrogé pour savoir si Jacques Delors, le grand favori de l'automne, aurait fait mieux. Preuve qu'à défaut d'une victoire ce candidat socialiste a tourné radicalement une page et s'est imposé comme un nouvel homme d'État.

On pourra penser qu'en trois mois M. Jospin aura vécu un véritable conte de fées. Or il ne s'est jamais montré lui-même extrêmement surpris de ce qui lui arrivait, comme si tout était d'avance inscrit, programmé, réfléchi. Premier secrétaire du PS à 43 ans, adoubé en janvier 1981 par M. Mitterrand, à la tête du premier parti de France durant tout un septennat, ministre d'État en charge de l'Éducation nationale de 1988 à 1992, Lionel Jospin a cru en son destin bien avant ses camarades socialistes et bien avant les Français. Dans un entretien au *Point* en mars 1987, la question lui avait été posée. «*Vous-même, avez-vous un destin présidentiel?*» Réponse : «*Un destin, oui!*» Mais qui prêtait attention à ses dires? L'idée de ce Jospin candidat à la magistrature suprême semblant tellement incongrue.

Ce n'est pas qu'on lui déniait de vraies qualités, mais son problème était qu'à chaque fois le «trop» semblait être de trop. Trop sérieux! Trop droit! Trop honnête! Trop seul! L'homme, lui-même dans le trop-plein socialiste, semblait être de trop! M. Jospin savait pourtant où il voulait aller, quel discours il fallait tenir à des Français responsables, adultes, citoyens. Quelle action il faudrait engager pour dépoussiérer une gauche et la faire basculer dans l'autre siècle. Il était intellectuellement prêt. Deux ans de solitude, d'observation plus que d'action, n'avaient fait que le conforter dans ses certitudes. Ne manquait plus que le signe du fameux destin. Il a laissé courir toutes les effusions concernant la candidature avortée de Jacques Delors sans jamais rien laisser transparaître de ses doutes sur les motivations de l'intéressé. Après le refus du président de la Commission européenne, M. Jospin laissa passer vingt-quatre jours avant d'annoncer, le 4 janvier, devant le bureau national du PS tombant des nues, qu'il se sentait «disponible» pour l'impossible pari.

«*Préparer les succès de demain*»

Lionel Jospin a déclaré, dimanche 7 mai, après l'annonce de la victoire de Jacques Chirac : «*Les citoyens se sont exprimés ce dimanche 7 mai pour élire le président de la République. La décision était grave et, sans doute, difficile à prendre pour beaucoup de Françaises et de Français en un temps où nombre d'entre vous doivent affronter de sérieux problèmes et s'interrogent sur l'avenir de notre pays. Une majorité a voté pour Jacques Chirac. Je le félicite pour son élection à la présidence de la République. Je lui souhaite bonne chance.*

«*Je salue François Mitterrand au moment où s'achève son second septennat.*

«*Je remercie chaleureusement les quinze millions de Françaises et de Français qui m'ont apporté leurs suffrages. Dans ce grand moment de confrontation démocratique qu'est une campagne présidentielle, j'ai senti se créer autour de ma candidature, de mes propositions, un profond mouvement de renouveau. Il n'a pas permis aujourd'hui la victoire, mais il ne s'arrêtera pas car il est porteur d'espérance. J'invite toutes celles et tous ceux qui croient aux valeurs de justice et de progrès à se rassembler pour prolonger cette espérance et préparer les succès de demain. »*

[...]

Sûr de lui, assuré enfin de n'avoir plus rien à prouver auprès de ses camarades, sachant que, perdu ou gagné, il avait déjà sauvé l'essentiel, l'honneur d'une gauche qui avait réappris à rire. Ces quinze derniers jours prirent même des parfums de mai 1981. L'équipée ne se finit pas de la même façon, mais cette histoire-ci n'est pas finie. M. Jospin a inventé le possible ! La gauche s'est retrouvée. A repris conscience de ses forces. Les propositions du candidat Jospin vont rester. Le PS, qui semblait tant manquer d'idées, ne pourra pas les remettre demain dans les tiroirs. Lionel Jospin est parvenu également à négocier adroitement la transition entre le mitterrandisme et un retour aux vraies valeurs d'un socialisme moderne et plus strict. Les premières analyses du scrutin de dimanche indiquent aussi que M. Jospin l'a emporté auprès des jeunes de 18-24 ans, semailles utiles pour demain.

De Jack Lang à Laurent Fabius, nul dans les rangs de la gauche n'a songé à contester « l'incontestable dynamique », selon le mot d'Henri Emmanuelli, créée par M. Jospin et le « rôle éminent » que cette campagne lui confère pour l'avenir. Certes, il est encore trop tôt pour entrevoir comment le PS va gérer la suite. Mais, pour la première fois, ce parti se retrouve avec un présidentiable sérieux qui a fait ses preuves et qui n'occupe pas la fonction de premier secrétaire. [...] « Il n'a pas vocation à redevenir chef de courant et à "jospiniser" le PS », confiait son fidèle Daniel Vaillant. Faire « un nouvel Épinay », la formule est en tout cas lâchée, pour que non seulement le PS mais toute la gauche puissent « organiser les forces dans une force ».

Maître d'œuvre des Assises de la transformation sociale, M. Jospin devrait continuer de pousser dans ce sens pour aboutir maintenant à une transformation politique de la gauche, frayant le chemin vers une grande force sociale-démocrate. [...] Le poids politique nouveau d'un Lionel Jospin désireux de battre le fer tant qu'il est chaud devraient favoriser cette grande et nouvelle ambition.

Daniel CARTON

CONCLUSION

Le 8 mai 1995, au lendemain du second tour, François Mitterrand et Jacques Chirac, côte à côte, célèbrent le cinquantième anniversaire de l'Armistice de 1945. De nombreux chefs d'État et de gouvernements étrangers sont présents.

La passation officielle des pouvoirs a lieu le 17 mai.

Pour la première fois dans l'histoire de la Ve République, c'est un candidat arrivé en seconde position au premier tour de l'élection présidentielle qui entre à l'Élysée.

Quatorze années de mitterrandisme

Au-delà de sa disparition, et de l'émotion qu'elle provoque, que restera-t-il de l'ancien président ? Que signifie pour nous le passage de témoin entre François Mitterrand et Jacques Chirac qui s'est véritablement opéré le jour où le nouveau président a célébré avec une émotion et une générosité louable la mémoire de son prédécesseur ?

Avec la mort de De Gaulle, nous avions changé de République, sans changer d'institutions ; avec celle de Georges Pompidou, et grâce aux réformes introduites ensuite par Valéry Giscard d'Estaing, nous avions changé de société, celle-ci s'accordant à un niveau plus élevé de développement du pays. Avec la disparition de François Mitterrand, nous changeons de siècle.

C'est Jacques Attali, son ancien conseiller spécial, qui affirme qu'il restera comme « l'accoucheur » du XXIe siècle. Il ne fait aucun doute que cette mort ferme pour la France, et cela définitivement, la page de l'après-guerre.

S'ouvre une époque nouvelle dont nous ne connaissons encore ni les équilibres géostratégiques, en voie de recomposition, ni le mode de production, en voie de complète transformation, ni les repères idéologiques et sociaux. Loin de nous avoir préparés à ces bouleversements, François Mitterrand a plutôt été celui qui a clos, pour nous, le XXᵉ siècle.

1916-1996 : né au début de ce siècle, mort avec lui, François Mitterrand en fut en effet un pur produit. Demi-siècle de ruptures et de confrontations, pour s'en tenir à l'après-guerre, celui de la coupure Est-Ouest, du clivage droite-gauche, de l'opposition entre l'État et le marché, de la lutte entre la nation et l'Europe. Il fut donc d'abord le produit de ces confrontations, l'apôtre de la rupture en 1981, avant de devenir l'homme de la réconciliation à partir de sa réélection en 1988. Naturellement cette évolution doit beaucoup aux institutions de la Vᵉ République : pour gagner, il faut être l'homme des confrontations, pour durer, celui de la réconciliation. Mais on y trouve aussi la marque de cette fin de siècle que le président Mitterrand a accompagnée plus qu'il ne l'a organisée. Pour le meilleur et pour le pire.

Le meilleur, ce fut d'abord que sous son double septennat, le pays a continué d'avancer, à un rythme rapide, trop rapide même pour certaines catégories sociales, laissées sur le bord de la route. Il ne faut pas oublier que l'objectif du septennat de Valéry Giscard d'Estaing était de rattraper la Grande-Bretagne. Entre-temps, celle-ci, victime de sa cure d'ultra-libéralisme, s'est trouvée distancée tandis que la France gagnait le quatrième rang mondial. La société politique, sous son influence, a progressivement troqué les discours de la guerre civile froide pour ceux, plus civilisés, de la cohabitation, tandis que s'installait et s'acclimatait l'alternance.

Le grand dessein européen enfin, forgé par le couple Giscard-Schmidt, a été mis sur pied, renforcé et solennisé lors de la ratification du traité instituant l'Union européenne, signé à Maastricht. Cet ancrage européen de la France, conduit en étroite concertation avec Helmut Kohl et Jacques Delors, n'était jamais que la réponse appropriée apportée par ces hommes d'État à la chute du mur de Berlin et à la fin d'un monde bipolaire, qui eût pu, s'ils n'y avaient pris garde, condamner l'idée européenne elle-même. Ce rendez-vous-là avec l'Histoire ne fut donc pas manqué. Pas plus que ne furent manqués deux discours clés, celui courageux et anticipateur de la Knesset, appelant à la reconnaissance de l'identité palestinienne, et celui, décisif pour l'Europe et pour l'Allemagne, du Bundestag, en pleine crise des euromissiles, situant clairement l'agresseur à l'Est.

Mais, produit donc d'un demi-siècle ambigu, François Mitterrand le fut aussi lui-même, ô combien ! « Son personnage vaut mieux que son œuvre », avait-il écrit, dans *Le Coup d'État permanent*, de celui qui fut à la fois son double et son contraire, Charles de Gaulle. Hors du commun, l'aventure politique de François Mitterrand mit en scène avec brio une conception traditionnelle de la politique professionnelle qui n'évitait pas la dissociation des moyens et des fins, où, parfois, seul compte le résultat – le pouvoir obtenu, la durée de son exercice, le temps gagné, fût-ce au détriment de l'éthique de conviction.

Le bilan peut donc aussi se lire en négatif, sans que les seules contraintes « objectives » excusent les manquements aux promesses. Le lyrisme social a pour envers l'enracinement du chômage ; l'engagement antiraciste, l'installation à demeure du Front national dans le paysage politique ; le souci démocratique, la perpétuation de cette monarchie républicaine qui nourrit la désaffection civique ; le culte de la mémoire, les mensonges sur une jeunesse nationaliste et maréchaliste dont la révélation tardive n'évitera pas une réhabilitation douce de Vichy ; la fidélité aux amis, la tolérance à l'égard de dérives où des intérêts privés profitèrent de privilèges publics.

À l'énoncé de ces reproches, François Mitterrand se mettait en colère. Il ne supportait pas qu'on doute de sa moralité foncière et de sa fidélité au socialisme qu'il épousa sur le tard. Cette colère n'était pas feinte. Tel était le ressort secret de cet homme, forgé dans l'adversité : se revendiquer comme son seul juge, refuser d'être évalué à l'aune ordinaire de ses contemporains. Il restera ainsi comme le modèle d'une façon de faire et de survivre en politique qui ne manqua pas d'impressionner ses adversaires, Jacques Chirac au premier chef. Une façon de faire datée, inscrite dans l'histoire désormais défunte de ce siècle. Sa longévité mythologique d'homme public s'enracine dans un parcours qui embrasse presque toutes les couleurs de l'arc-en-ciel de la politique tricolore, de la droite nationaliste de sa jeunesse à l'union de la gauche de sa maturité, en passant par le centre droit et le centre gauche. Quand, par exemple, il assuma publiquement ses liens amicaux avec René Bousquet, François Mitterrand nous disait simplement : toute cette histoire est mienne, sans partage ni rupture.

C'est sans doute de cette école politique qu'un jour la France devra se défaire si elle veut entrer vraiment dans le prochain siècle. Le mouvement social récent l'a rappelé à ceux qui ne voulaient pas le voir : la crise de légitimité du politique est là, qui nous contraint à réinventer la pratique démocratique. « Je reste longtemps à contempler ce spectacle auquel je me suis abonné il y a vingt-huit ans. De là j'aperçois mieux ce qui va, ce qui vient et surtout ce qui ne bouge pas. » Ainsi François Mitterrand parlait-il de la roche de Solutré où il entraînait ses proches pour son pèlerinage annuel de la Pentecôte. « Ce qui ne bouge pas… » Reste, maintenant qu'il n'est plus là, à affronter ce qui bouge, à l'anticiper et à l'inventer.

Jean-Marie Colombani, 10 janvier 1996

TABLE

521

Composition Chesteroc International Graphics
Achevé d'imprimer en Europe
à Pössneck (Thuringe, Allemagne)
en février 2002 pour le compte de E.J.L.
84, rue de Grenelle, 75007 Paris
Dépôt légal février 2002

Diffusion France et étranger : Flammarion